Die
Preßgesetze des Erdballs

In Verbindung mit dem

Institut für ausländisches öffentliches Recht
und Völkerrecht in Berlin

und der

Fédération Internationale des Journalistes

Herausgegeben von:

Dr. Viktor Bruns
ordentlichem Professor des öffentlichen Rechts an der Universität Berlin und Direktor des Instituts für ausländisches öffentliches Recht und Völkerrecht

Dr. Kurt Häntzschel
Ministerialdirigenten im Reichsministerium des Innern, Dozenten für Preßrecht an der Universität Berlin, Vorsitzenden der Internationalen Preßrechtskommission der Fédération Internationale des Journalistes

Band VII

1931

Verlag von Georg Stilke, Berlin

Das österreichische Preßrecht

von

Professor Dr. Ferdinand Kadečka
Ministerialrat im österreichischen Bundesministerium für Justiz

1931

Verlag von Georg Stilke, Berlin

Schettlerdruck, Köthen (Anhalt)

Inhaltsverzeichnis.

Literatur

Harum: Die gegenwärtige österreichische Preßgesetzgebung, Wien 1857.

Lienbacher: Erläuterungen des österr. Preßgesetzes und des Gesetzes über das Strafverfahren in Preßsachen vom 17. Dezember 1862, sowie der Amtsinstruktion zu beiden Gesetzen, 2 Bände, Wien 1863, 1868.

Lentner: Die Grundlagen des Preßstrafrechts, Wien 1873.

Wahlberg: Zur Revision des Preßstrafrechts in Österreich. Gesammelte kleinere Schriften, 1. Band, Wien 1875, S. 165 ff.

v. Liszt: Lehrbuch des österr. Preßrechts, Leipzig 1878.

Glaser: Gutachten für den deutschen Juristentag über die Behandlung der Preßvergehen. Gesammelte kleinere juristische Schriften, II. Auflage, 1. Band, S. 339 ff., Wien 1883.

Amschl: Beiträge zur Anwendung des Strafverfahrens, 1. Heft, Wien 1899, S. 80 ff., 2. Heft, Wien 1910, S. 107 ff.

Friedmann: Vorschläge zur Umgestaltung des österreichischen Preßrechtes sowie des Rechtsschutzes in Beleidigungssachen, Leipzig 1901.

Austerlitz: Preßfreiheit und Preßrecht, Wien 1902.

Burckhard: Der Entwurf eines neuen Preßgesetzes, Wien 1902.

Ingwer: Die Preßreform, eine Kritik der Regierungsvorlage vom 11. Juni 1902, Wien 1902.

Ofner: Der Entwurf des Preßgesetzes, Win 1902.

Sládeček: Zwanzig Jahre aus der Praxis des geltenden Preßgesetzes, Prag 1905.

Pappafava: Die moderne Preßgesetzgebung, insb. der österr. Preßreformentwurf, Zara, Leipzig, ohne Jahreszahl (dort S. 206 auch weitere Literaturangaben zum Entwurf des Jahres 1902).

Miřička: Theorie und Praxis der Preßdelikte, Gerichtssaal, Band LXXIII, S. 1 ff.
Der verantwortliche Redakteur. Versuch einer Begriffsbestimmung, Goltd Arch., Band LVII, S. 133 ff. und 287 ff.

Storch: Über die Straflosigkeit der parlamentarischen Berichterstattung, Österreichische Zeitschrift für Strafrecht, VII. Jahrgang, S. 1 ff.

Stenographisches Protokoll über die Preßgesetzenquete am 17. und 18. Mai 1919, Wien 1919.

Kadečka: Der Begriff des Preßdelikts im deutsch-österreichischen Preßgesetzentwurf, Österreichische Zeitschrift für Strafrecht, VIII. Jahrgang, S. 311 ff.

Lohsing: Das Preßgesetz, Graz 1922.

Dehmal: Das Preßgesetz vom 7. April 1922, BGBl. Nr. 218, Wien 1922.

Gleispach: Das österreichische Strafverfahren, Wien 1924, §§ 216—221.

Pietsch: Der Berichtigungszwang im Preßgesetz vom 7. April 1922, Nr. 218 BGBl., Gerichtszeitung 1924, S. 19 ff. und 65 ff.

Weinberger: Das Bundesgesetz über die Presse, Juristische Blätter 1925, S. 146 ff.

Altmann: Die Lasserschen Artikel VII bis IX und das neue Preßgesetz, Gerichtszeitung 1925, Sondernummer zur Tagung der Kriminalistischen Vereinigung, S. II.

Schwartz: Der Entwurf des Bundesgesetzes zur Bekämpfung von Mißbräuchen im Pressewesen, Gerichtszeitung 1926, S. 117 ff.

Langer: Preß-Reform, Gerichtszeitung 1926, S. 149 ff.

Ehrenreich: Zur Auslegung des § 26 Preßgesetz, Gerichtszeitung 1926, S. 242 ff.
Reformbedürftige Stellen des Preßgesetzes, Gerichtszeitung 1927, S. 100 ff. und 148 ff.

Mager: Kommentar zum österreichischen Preßgesetz, in dem Kommentar zum österreichischen Strafrecht, herausgegeben von Altmann-Jakob, Wien.

Altmann: Journalistenbestechung, Österreichische Richterzeitung 1929, Nr. 12.

Kastner: Bemerkungen zur Strafgesetznovelle 1929, Gerichtszeitung 1930, S. 56 ff.

Kläger: Kommentar zu den neuen Preßgesetzbestimmungen und gesetzlichen Neuerungen der Strafrechtsnovelle 1929, Wien und Leipzig 1930.

Schnek: Die Strafgesetznovelle vom Jahre 1929, Juristische Blätter 1930, S. 221 ff.

Swoboda: Kommentar zum Preßgesetz und zur Strafgesetznovelle 1929 samt den übrigen einschlägigen Vorschriften, Graz 1930.

Das österreichische Preßrecht.

I. Kapitel.

Begriff und Geschichte des österreichischen Preßrechtes.

A. Begriff des Preßrechtes.

Unter Preßrecht versteht man die Gesamtheit der Sondervorschriften, die sich auf die Verbreitung von Gedanken durch Druckwerke beziehen. Das Wort „Gedanke" ist dabei in dem allgemeinsten Sinn zu nehmen, in dem es alles Gedachte umfaßt, von der einfachen Vorstellung bis zur schöpferischen Idee; und als Druckwerke gelten nicht nur die Erzeugnisse der Druckerpresse, sondern auch alle anderen „durch mechanische oder chemische Mittel vervielfältigten, zur Verbreitung bestimmten Schriften, Bilder und Tonwerke" (§ 1 PreßG.). Das Sonderrecht der „Presse" in diesem weiteren Sinn hat zwei Aufgaben zu erfüllen. Es soll die Verbreitung von Gedanken durch Druckwerke wegen ihrer Bedeutung für Kultur und Fortschritt fördern und erleichtern, sie von allen unnötigen Schranken und Hemmnissen befreien. Es soll aber auch den besonderen Gefahren entgegenwirken, die mit einem Mißbrauch der Presse zur Verbreitung rechtsfeindlicher Gedanken verbunden sind. Diese besonderen Gefahren bestehen in der Raschheit und Ausdehnung der Verbreitung und in der nachhaltigeren Wirkung, die das geschriebene und gedruckte Wort vor dem gesprochenen voraus hat.

Man unterscheidet innerhalb des Preßrechtes das Preßverwaltungsrecht und das Preßjustizrecht.

Das erste bestimmt und begrenzt die Befugnis der Verwaltungsbehörden, die Herstellung und Verbreitung von Druckwerken zu überwachen und dabei nötigenfalls einzugreifen. Besondere Teile des Preßverwaltungsrechtes bilden das Preßgewerberecht — das sind die Sondervorschriften für die sogenannten Preßgewerbe, für die Gewerbe, die sich mit der technischen Herstellung von Druckwerken und dem Handel damit befassen, — und das Preßpolizeirecht, das die Vorschriften umfaßt, die über den Rahmen des Preßgewerberechtes hinaus die Überwachung der Presse zu erleichtern und der Begehung strafbarer Handlungen durch die Presse vorzubeugen bestimmt sind. Zum Preßverwaltungsrecht gehören auch die von den Verwaltungsbehörden anzuwendenden Strafbestimmungen.

Das Preßjustizrecht ist das von den Gerichten anzuwendende, für Druckwerke als Träger von Gedanken geltende Sonderrecht und umfaßt: das Berichtigungsrecht, die Sonderbestimmungen über die Verantwortlichkeit für Druckwerke strafbaren Inhaltes, die Strafdrohungen gegen die Preßkorruption und gegen die Übertretungen von Vorschriften preßgewerberechtlichen und preßpolizeilichen Inhaltes, soweit das Strafverfahren den Gerichten übertragen ist, endlich die besonderen Abweichungen, durch die sich das Strafverfahren in Preßsachen von dem allgemeinen Verfahren unterscheidet.

Nicht zum Preßrecht im engeren Sinn gehören, weil sie mit keiner der beiden oben angeführten Aufgaben des Preßrechtes zusammenhängen, die Vorschriften, die die Presse bestimmten staatlichen Zwecken dienstbar machen, so die Vorschriften über die Ablieferung von Freistücken an Büchereien und über die Verpflichtung der Zeitungen zur Aufnahme bestimmter amtlicher Bekanntmachungen. Auch diese Bestimmungen sollen aber dem Plane der Sammlung entsprechend in diesem Werk dargestellt werden. Dasselbe gilt von den arbeitsrechtlichen Vorschriften, die das Verhältnis zwischen den Journalisten und den Zeitungsunternehmungen regeln, dem sogenannten Journalistenrecht, und von den Bestimmungen über den Nachrichtenschutz.

Dagegen fallen nicht mehr in den Rahmen der Darstellung verwaltungsrechtliche Vorschriften, die sich zwar ebenfalls auf den Verkehr mit Druckwerken beziehen, sich aber mit den Druckwerken nicht als Trägern von Gedanken und nicht wegen der psychischen Wirkung ihres Inhaltes befassen, sondern unter irgendeinem andern Gesichtspunkt erlassen sind, die z. B. der Beeinträchtigung des Straßenbildes durch Anschlagzettel vorbeugen wollen (vergl. § 11, Schlußsatz, PreßG.) oder der Behinderung des Straßenverkehres durch Zeitungsverkäufer oder die der Abwehr bestimmter, zwar ebenfalls aus der Verbreitung von „Druckwerken“ drohender, aber anders als durch Gedankenübertragung wirkender volkswirtschaftlicher

Gefahren dienen sollen, wie etwa das Verbot der unbefugten Ausgabe von Banknoten oder anderer auf den Inhaber lautender Anweisungen oder unverzinslicher Schuldverschreibungen (Art. 122 der Satzungen der österreichischen Nationalbank).

Auch das Urheberrecht wird — abgesehen vom Nachrichtenschutz — hier nicht dargestellt, weil es nicht bloß Druckschriften, sondern auch andere Werke zum Gegenstand hat, sein Schutz nicht erst dem vervielfältigten oder doch zur Vervielfältigung bestimmten, sondern auch dem noch nicht erschienenen und dem gar nicht zum Erscheinen bestimmten Werke zuteil wird und weil schließlich sein nächster Zweck bloß darin besteht, dem Urheber den ökonomischen Ertrag seiner Arbeit zu sichern, wodurch zwar Kultur und Kunst mittelbar gefördert werden, nicht aber unmittelbar die Verbreitung ihrer Schöpfungen.

Da nur die für eine besondere Form der Verbreitung von Gedanken geltenden Vorschriften darzustellen sind, bleiben alle Bestimmungen außer Betracht, die die Äußerung bestimmter Gedanken ihres Inhaltes wegen mit Strafe oder andern Rechtsfolgen bedrohen. Die Darstellung dieser Äußerungsdelikte gehört in das allgemeine Strafrecht oder Zivilrecht, und zwar auch dann, wenn die Strafe oder andere Rechtsfolge nur für den Fall angedroht ist, daß der seines Inhaltes wegen für die Rechtsordnung gefährliche Gedanke durch eine Druckschrift geäußert wird.

B. Geschichte des österreichischen Preßrechtes.

Die Geschichte des österreichischen Preßrechtes beginnt im Jahre 1523 mit einem Verbot Ferdinands I., die Schriften Luthers in Österreich zu verbreiten. Im Jahre 1528 erschien die erste österreichische Zensurverordnung. Sie verbot, irgendein geistliches oder weltliches Werk ohne Bewilligung des Statthalters oder Landeshauptmanns in Druck zu legen. Die durch dieses Mandat Ferdinands I. eingeführte Zensur bestand in Österreich bis zum Jahre 1848. Bis zu Maria Theresia im wesentlichen zum Schutz des Glaubens bestimmt, wird sie später mehr und mehr zu einer politischen Einrichtung. Josef II. führte gewisse Erleichterungen ein. Nach seinem Tode wurden aber die Zügel wieder straffer angezogen. In der Generalzensurverordnung vom Jahre 1795 wurde die Zensur der die österreichische Grenze passierenden Bücher vorgeschrieben, das

Hausieren mit Druckschriften und die Kolportage untersagt und die Drucklegung von Manuskripten verboten, solange das Zensurdepartement nicht sein „imprimatur" darauf gesetzt hatte.

Das charakteristische Merkmal der Zensur bestand nicht so sehr in der Tatsache, daß jedes Manuskript vor der Drucklegung geprüft, sondern in den Grundsätzen, nach denen diese Prüfung vorgenommen wurde. Das imprimatur konnte nicht etwa bloß dann verweigert werden, wenn das Werk irgend etwas Gesetzwidriges enthielt, sondern auch schon dann, wenn sein Erscheinen mit der Staatsraison oder dem, was der Zensor darunter verstand, unvereinbar schien. Sehr charakteristisch verweist ein Hofdekret vom Jahre 1790 auf die „Regeln der Klugheit". Es erklärt, daß als „bedenklich" alles anzusehen sei, „was Erregungen, Uneinigkeiten und Spaltungen hervorbringt oder hervorbringen kann, was den Gehorsam gegen den Landesfürsten vermindert, Lässigkeit in Beobachtung der bürgerlichen oder religiösen Pflichten oder Zweifelsucht in geistlichen Sachen nach sich ziehen kann". Besonders reich an solchen „Regeln der Klugheit" ist die Metternichsche Zensurvorschrift vom 10. September 1810.

Erst die Revolution des Jahres 1848 brachte die Zensur zu Fall. Am 31. März 1848 wurde ein dem Badischen Preßgesetz vom Jahre 1831 nachgebildetes Preßgesetz kundgemacht. Es ersetzte für alle Druckschriften mit Ausnahme der Plakate die Vorzensur durch die Repression und das freie behördliche Ermessen durch die Bindung an das Gesetz, die Zweckmäßigkeitserwägungen durch die rein juristische Prüfung der Legalität. Für Zeitungen übernimmt der verantwortliche Redakteur die Aufgabe des Zensors, er wird für die Vernachlässigung seiner Pflicht bestraft. Zur Sicherstellung der gegen ihn zu verhängenden Geldstrafen muß jede Zeitung eine Kaution bestellen. Dieses Preßgesetz trat aber nie in Wirksamkeit. Nach Kundmachung der sogenannten Pillersdorfschen Verfassung wurde das Preßrecht durch zwei Verordnungen geregelt, die auf die Kaution verzichteten und die Schwurgerichtsbarkeit für Preßdelikte einführten. Diese Verordnungen standen jedoch nur bis zur Eroberung Wiens durch Windischgrätz am 31. Oktober 1848 in Geltung und wurden durch die Verhängung des Belagerungszustandes über einen großen Teil des Reiches abgelöst. Nach der sogenannten Märzverfassung vom 4. März 1849 wurde die Preßfreiheit durch zwei kaiserliche Patente wieder hergestellt, die zwar die Schwurgerichtsbarkeit beibehielten, im übrigen aber eine Rückkehr zum ersten Preßgesetz vom März 1848 darstellen, in einigen Punkten sogar hinter diesem zurückbleiben. Im Jahre 1851 wurde das System der Verwarnungen eingeführt. Wiederum tritt die Opportunität an die Stelle der Legalität. „Wird bei einer periodischen Druckschrift", heißt es in der Verordnung, „beharrlich eine dem Throne, der Einheit und der Integrität des Reiches, der Religion, der Sittlichkeit oder überhaupt den Grundlagen der Staatsgesellschaft feindselige oder mit der Aufrechthaltung der öffentlichen Ruhe und Ordnung unvereinbare Richtung verfolgt, so kann nach vorausgegangener zweimaliger schriftlicher fruchtloser Verwarnung die weitere Herausgabe einer solchen periodischen Druckschrift .... eingestellt werden". Ausländische Blätter können auch ohne Verwarnung verboten werden. Die Preßordnung vom 27. Mai 1852 behält dieses System der Verwarnungen bei, macht die Herausgabe von Zeitungen von einer Konzession abhängig, gibt den Verwaltungsbehörden das Recht, nichtperiodische inländische Druckschriften, „wenn sie eine solche gefährliche Richtung verfolgen", wie sie bei Zeitungen zur Verwarnung berechtigt, und ausländische Druckschriften auch ohne diese Voraussetzung einfach zu verbieten, und beseitigt die Schwurgerichte. Erst nachdem die Monarchie durch das Oktober-Diplom vom Jahre 1860 wieder eine konstitutionelle Verfassung erhalten hatte, wurde das Preßrecht durch drei Gesetze vom 17. Dezember 1862, ein Preßgesetz, ein Gesetz über das Verfahren in Preßsachen und ein Gesetz zur Ergänzung des Strafgesetzes, wieder auf freiheitliche Grundlagen gestellt. Der Konzessionszwang für periodische Druckschriften, das Verwarnungssystem und das administrative Verbot ausländischer und nichtperiodischer inländischer Druckschriften wurden beseitigt. Doch konnte ausländischen Druckschriften der Postdebit, das heißt die Möglichkeit entzogen werden, daß man auf sie bei österreichischen Postämtern abonnieren und sie durch die österreichische Post beziehen kann. Eine Zensur gab es nach diesem Preßgesetz nur noch für Plakate nicht rein örtlichen oder gewerblichen Interesses. Zwei Einrichtungen, die das Preßgesetz vom Jahre 1862 aus seinen Vorgängern übernommen hatte, das Strafmittel der Einstellung für periodische Druckschriften und die Kaution, wurden durch spätere Novellen aus den Jahren 1868 und 1894 aufgehoben. Das Gesetz vom

9. März 1869, RGBl. Nr. 32, führte für alle durch den Inhalt von Druckschriften begangenen Verbrechen und Vergehen wieder die Schwurgerichtsbarkeit ein, nachdem sie grundsätzlich schon durch das Staatsgrundgesetz vom 21. Dezember 1867, RGBl. Nr. 144, über die richterliche Gewalt zugesichert worden war.

Daß der mit dem Gesetze vom Jahre 1862 geschaffene Rechtszustand schließlich doch niemand mehr befriedigte, hatte hauptsächlich drei Gründe. Diese drei Gründe sind das unbedingte Kolportageverbot, das es enthielt, das sogenannte objektive Verfahren, das es ermöglichte, und der Mißbrauch, der während des Krieges mit der durch das Gesetz vom 5. Mai 1869, RGBl. Nr. 66, der Regierung erteilten Ermächtigung getrieben wurde, die Preßfreiheit zu suspendieren. Nach § 23 des Preßgesetzes vom Jahre 1862 war „das Hausieren mit Druckschriften, das Ausrufen, Verteilen und Feilbieten derselben außerhalb der hierzu ordnungsmäßig bestimmten Lokalitäten" ausnahmslos verboten, während im Ausland der Zeitungsverkauf auf der Straße längst eine ständige Einrichtung geworden war. Das sogenannte objektive Verfahren bestand darin, daß sich der Staatsanwalt, statt den Verfasser eines Buches oder Zeitungsartikels wegen der von ihm durch die Veröffentlichung begangenen strafbaren Handlung zu verfolgen oder auch nur die Bestrafung des verantwortlichen Redakteurs wegen Vernachlässigung der pflichtmäßigen Obsorge zu begehren, darauf beschränken konnte, beim Gericht den Ausspruch zu erwirken, daß der Inhalt des Buches oder Artikels diese oder jene strafbare Handlung begründe und deshalb die Weiterverbreitung verboten werde. Da diese Entscheidung nicht dem Geschwornengericht, sondern einem Senat von Berufsrichtern übertragen war, der ohne Anhörung des Betroffenen in nichtöffentlicher Sitzung entschied, wurde das objektive Verfahren von den Zeitungen nicht als ein Vorteil, sondern als ein Mittel betrachtet, durch das der Staatsanwalt ihnen nachteilige Entscheidungen erwirken könne, die im subjektiven Verfahren nicht gefällt worden wären.

Die Suspension der Preßfreiheit im Kriege endlich wurde von den Verwaltungsbehörden dazu benutzt, eine regelrechte Zensur wieder einzuführen und diese Zensur mit einer Ängstlichkeit und in einer Art zu handhaben, die mit den Methoden der Metternichschen Zeit getrost wetteifern konnte. Die dadurch hervorgerufene Erregung führte zunächst zu einem Beschluß der Provisorischen Nationalversammlung vom 30. Oktober 1918, in dem ausgesprochen wurde, daß jede Zensur als dem Grundrechte der Staatsbürger widersprechend abgeschafft werde und die volle Freiheit der Presse hergestellt sei, und im weiteren Verlaufe zur Ersetzung des Preßgesetzes vom Jahre 1862 durch das jetzt geltende Gesetz vom 7. April 1922.

Die Bestimmung des Staatsgrundgesetzes über die richterliche Gewalt, wonach über alle durch den Inhalt von Druckschriften begangenen Verbrechen und Vergehen Geschwornengerichte entscheiden sollen, ist, da inzwischen die bloß aus Berufsrichtern zusammengesetzten Erkenntnisgerichte durch Schöffengerichte ersetzt worden waren, in das Bundes-Verfassungsgesetz vom 1. Oktober 1920 nicht übernommen worden. Demzufolge hat die Strafgesetznovelle vom Jahre 1929 die Schwurgerichtskompetenz für Inhaltsdelikte, soweit diese nicht schon ohne Rücksicht auf die Art der Begehung vor die Schwurgerichte gehören, beseitigt.

II. Kapitel.

Die preßrechtlichen Grundbegriffe.

A. Die Preßfreiheit.

Nach Art. 13 des Staatsgrundgesetzes vom 21. Dezember 1867, RGBl. Nr. 142, über die allgemeinen Rechte der Staatsbürger, hat jedermann das Recht, „durch Wort, Schrift, Druck oder durch bildliche Darstellung seine Meinung innerhalb der gesetzlichen Schranken frei zu äußern. Die Presse darf weder unter Zensur gestellt, noch durch das Konzessionssystem beschränkt werden. Administrative Postverbote finden auf inländische Druckschriften keine Anwendung.“ Nach dem Beschluß der Provisorischen Nationalversammlung vom 30. Oktober 1918, StGBl. Nr. 3, ist „jede Zensur als dem Grundrecht der Staatsbürger widersprechend als rechtsungültig aufgehoben, die Einstellung von Druckschriften und die Erlassung eines Postverbotes gegen solche findet nicht mehr statt. Die bisher verfügten Einstellungen und Postverbote sind aufgehoben. Die volle Freiheit der Presse ist hergestellt“. Jedem, der durch eine Entscheidung oder Verfügung einer Verwaltungsbehörde in diesem verfassungsmäßig gewährleisteten Recht der freien Meinungsäußerung verletzt wird, steht nach Artikel 144 B-VG. die Beschwerde an den Verfassungsgerichtshof offen. § 1 des

Preßgesetzes endlich bestimmt: „Die Freiheit der Presse ist gewährleistet. Sie unterliegt nur den Beschränkungen, die durch dieses Gesetz bestimmt sind".

Aus dem Zusammenhang aller dieser Bestimmungen und der Geschichte des Preßrechtes ergibt sich, daß unter Preßfreiheit ein Rechtszustand zu verstehen ist, in dem die Presse von den Fesseln der Zensur und des Konzessionszwanges befreit und gegen die administrative Einstellung und ähnliche arbiträre Verbreitungsbeschränkungen geschützt ist. Preßfreiheit bedeutet also Freiheit der Presse von der Zensur und den andern besonderen Beschränkungen, denen die Presse im Polizeistaat unterworfen war, bedeutet Freiheit von der Willkür der Verwaltungsbehörden, aber nicht Freiheit gegenüber dem Gesetz. Die „gesetzlichen Schranken" der freien Meinungsäußerung gelten auch für die Presse. Die literarischen Vorkämpfer der Preßfreiheit haben sie niemals anders verstanden. So heißt es z. B. in Miltons Areopagitica: „Was absolut sündhaft oder böse ist, sei es, daß es gegen den Glauben, sei es, daß es gegen die guten Sitten verstößt, das kann ein Gesetz, das sich nicht selbst aufheben will, unmöglich erlauben" und Grillparzer wiederholt diesen Gedanken in einer im Jahre 1844 geschriebenen Abhandlung über die Aufhebung der Zensur mit den Worten: „Diejenigen, welche gegen die Zensur zu Felde ziehen, stellen an die Spitze ihrer Beweisführungen gewöhnlich den Satz: Der Mensch habe das Recht zu sagen, was er denkt. Dieses Recht hat er aber nicht. Wenn er etwas Unrechtes, etwas Verkehrtes, allgemein Schädliches denkt, so hat er ebensowenig das Recht es zu sagen, als es zu tun . . . Es gibt kein Recht, immer und auf jede Weise zu sagen, was man denkt, oder kürzer ausgedrückt: Was ein Biedermann nicht denken sollte, darf man auch nicht sagen". Die vielen gesetzlichen Bestimmungen, worin Äußerungen bestimmter Art verboten werden, sind daher keineswegs als Beschränkungen der Preßfreiheit aufzufassen; auch dann nicht, wenn nur die Äußerung in Druckwerken mit Strafe bedroht ist.

Dieser Preßfreiheit im materiellen Sinn pflegt man die Preßfreiheit im formellen Sinn gegenüberzustellen. Man versteht darunter die über die Aufhebung von Sonderbeschränkungen hinausgehende Befreiung von überwachenden und vorbeugenden Eingriffen, zu denen die Behörden sonst kraft der allgemeinen Bestimmungen befugt sind. An diese Preßfreiheit im formellen Sinn denkt § 1 des Preßgesetzes, wenn er ausspricht, daß die Freiheit der Presse nur den Beschränkungen unterliege, die durch das Preßgesetz selbst bestimmt sind.

So haben nach § 1 der Vorschrift vom 10. Dezember 1850 über den Wirkungskreis der Polizeibehörden diese Behörden „den Gefahren, womit . . . . die gesetzliche Ordnung sowie überhaupt der Rechtsbestand und die Wohlfahrt des Staates sowie der Einzelnen bedroht sind, auf den gesetzlichen Wegen vorzubeugen und zu begegnen, die öffentliche Ruhe und Ordnung in dem Bereich ihres Bezirkes zu erhalten, die Angriffe gegen dieselbe . . . . zu hindern, bei vorfallenden Störungen der Ordnung und Sicherheit dem Umsichgreifen des Schadens Einhalt zu tun, die eingetretenen nachteiligen Folgen zu beseitigen, endlich die Übertreter des Gesetzes auszuforschen, anzuhalten und den berufenen Behörden zu überliefern". Aus diesem Wirkungskreis würde sich der Presse gegenüber das Recht ergeben, der drohenden Herstellung gesetzwidriger Druckwerke durch Beschlagnahme des Manuskriptes oder Sperrung der Druckerei und der drohenden Verbreitung solcher Druckwerke in allen Fällen durch Beschlagnahme zu begegnen. In der Tat hat die Polizei der Presse gegenüber dieses Recht nicht. Das ergibt sich allerdings schon daraus, daß im § 10 der angeführten Vorschrift für die Presse ausdrücklich eine Ausnahme gemacht und gesagt wird, daß „den Wirkungskreis der Polizeibehörden in bezug auf die Presse, auf politische Vereine und Versammlungen die darüber bestehenden Gesetze und besonderen Instruktionen bestimmen"; und selbst ohne diese Vorschrift wäre es nicht zweifelhaft, weil das Bestehen besonderer Vorschriften für bestimmte Lebensgebiete, soweit sie reichen, die Anwendung der allgemeinen Bestimmungen von selbst ausschließt. Indem das Preßgesetz in seinem fünften Abschnitt das Recht der Sicherheitsbehörden, Druckwerke in Beschlag zu nehmen, besonders regelt, macht es dadurch allein schon die Anwendung der allgemeinen Vorschriften unanwendbar. Ebensowenig kann es in einem Rechtsstaate zweifelhaft sein, daß behördliche Eingriffe ohne gesetzliche Grundlage unzulässig sind. Allein es schadet nichts, wenn § 1 des Preßgesetzes diese Selbstverständlichkeiten ausdrücklich ausspricht.

Diese formelle Preßfreiheit erstreckt sich nur auf solche Rechtsgebiete, für die das Preßgesetz irgendwelche Sondernormen enthält. Sie bedeutet nicht etwa auch Steuerfreiheit für die Preßgewerbetreibenden und Zeitungsunternehmungen oder eine Beschränkung des Rechtes der Sicherheitsbehörden, ausländische Journalisten aus Rücksichten der öffentlichen Ordnung oder Sicherheit abzuschaffen. Auch baupolizeilichen, sanitätspolizeilichen und ähnlichen Beschränkungen des Verkehres mit Druckschriften steht sie nicht im Wege.

Das Staatsgrundgesetz über die allgemeinen Rechte der Staatsbürger und der Beschluß der Provisorischen Nationalversammlung sind Verfassungsgesetze. Bestimmungen, die damit nicht im Einklang stehen, könnten also im Nationalrat nur in Anwesenheit von mindestens der Hälfte der Mitglieder und mit Zweidrittelmehrheit beschlossen werden (Art. 44 B-VG.).

Den Landtagen steht auf dem Gebiet des Pressewesens kein Gesetzgebungsrecht zu (Art. 10, Z. 6, B-VG.). Der Ausdruck „Presse" wird jedoch in diesem Zusammenhang, wie im folgenden Abschnitt noch näher darzulegen sein wird, in einem engeren Sinn verstanden als in dem Worte „Preßrecht".

B. Das Druckwerk.

Nach § 2 des Preßgesetzes sind unter Druckwerken alle durch mechanische oder chemische Mittel vervielfältigten, zur Verbreitung bestimmten Schriften, Bilder und Tonwerke zu verstehen. Druckwerke im Sinne dieser Bestimmung sind also nicht die einzelnen Vervielfältigungen als concreta, sondern die vervielfältigten Werke als abstracta, nicht die einzelnen Bücher, Kopien oder Notenhefte, sondern der in ihnen verkörperte und in bestimmter Weise geformte geistige Gehalt. Die 1000 Stücke einer Auflage sind nicht 1000 Druckwerke, sondern nur eines[1]). In diesem Sinn ist der Ausdruck zum Beispiel gebraucht in den §§ 12, 13, 14, 20, 21, 29, 30, 32, 36 und 37 des Preßgesetzes. An anderen Stellen, zum Beispiel in den §§ 3, 6, 7, 8, 10, 11, 15, 16 und 17 versteht das Preßgesetz allerdings im Widerspruch mit seiner eigenen Begriffsbestimmung unter Druckwerken die einzelnen Stücke.

---

[1]) Vgl. die ähnliche Definition im Artikel II des Kundmachungspatentes zum Strafgesetz vom 27. Mai 1852: Unter Druckschriften oder Druckwerken sind „nicht bloß Erzeugnisse der Presse, sondern auch alle durch Stein-, Metall- oder Holzdruck, Prägung, Abformung oder durch was immer für mechanische oder chemische Mittel vervielfältigten Erzeugnisse des Geistes und der bildenden Kunst (literarische und artistische Werke) zu verstehen".

Im einzelnen sind unter Schriften Werke zu verstehen, die sich des Wortes, unter Bildern solche, die sich der bildlichen oder plastischen Darstellung, unter Tonwerken solche, die sich der Töne als Ausdrucksmittel bedienen. Die Art der Verkörperung und der mechanischen oder chemischen Vervielfältigung ist gleichgültig und auch darauf kommt es nicht an, durch welches Sinnesorgan das Werk schließlich wahrgenommen wird. Auch ein Buch in Blindenschrift oder ein in einen Phonographen gesprochener und dann auf mechanischem Weg auf die zum Verkauf bestimmten Platten oder Walzen übertragener Vortrag ist eine mechanisch vervielfältigte „Schrift", auch ein in einer größeren Zahl von Exemplaren hergestellter Kinofilm oder eine in vielen Gipsabdrücken nachgebildete Statuette ein mechanisch vervielfältigtes „Bild". Dagegen sind bloße Ornamente keine Bilder, weil sie nicht Abbilder von etwas außer ihnen Existierendem oder als existierend Gedachtem sind, sondern sozusagen rein geometrische Vorstellungen. In einem gewissen Widerspruch damit und im Gegensatz zum deutschen Preßgesetz können auch Lieder ohne Worte Druckwerke sein.

Ein bestimmter Höhengrad geistigen Gehaltes ist nicht erforderlich. Als Gedankeninhalt genügt die bloße Vorstellung irgendeines körperlichen oder Gedankendinges, einer Person oder einer Sache, eines Tones, einer Zahl oder sonst eines Begriffes. Auch die Visitkarte ist ein Druckwerk und auch die vervielfältigte, völlig unkünstlerische Photographie irgendeines der Abbildung noch so unwürdigen Gegenstandes.

Dagegen ist ein wesentliches Merkmal des Druckwerkes der Verbreitungszweck, die Bestimmung zur Verbreitung, ohne daß es darauf ankäme, ob das Werk tatsächlich verbreitet worden ist oder nicht. Was unter Verbreitung zu verstehen ist, wird in einem besonderen Abschnitt dargelegt werden. Ein anderes wesentliches Merkmal des Druckwerkes ist die Vervielfältigung. Vervielfältigung ist gleichzeitige oder sukzessive Herstellung einer Vielheit. Durchschlagen auf der Schreibmaschine kann ein Werk nicht zum Druckwerk machen, weil nicht mehr als 5 bis 6 Durchschläge auf einmal hergestellt werden können, abermaliges Abklopfen aber keine mechanische oder chemische Vervielfältigung mehr ist. Auf den Stoff, der die Vervielfältigung trägt, kommt es nicht an. Auch geprägte Denkmünzen sind Druckwerke und ebenso alle Gebrauchsgegenstände und

Konsumartikel, die mechanisch oder chemisch vervielfältigte Bilder oder Aufschriften tragen.

Dieser ungeheuer weite Begriff des Druckwerkes gilt aber im wesentlichen nur für die Bestimmungen über die Bestrafung der Preßinhaltsdelikte und das dabei zu beobachtende Verfahren, insbesondere für die Bestimmungen über die Beschlagnahme und den Verfall. Für die preßgewerblichen, preßpolizeilichen und anderen von Druckwerken handelnden Vorschriften ergibt sich meist aus dem Zusammenhang oder einzelnen Sonderbestimmungen, daß sie das Wort Druckwerk in einem engeren Sinn verstehen. Wenn zum Beispiel § 20 des Preßgesetzes von Druckwerken spricht, deren Umfang 3 Druckbogen nicht übersteigt, so können darunter nur Druckwerke zu verstehen sein, die nach Druckbogen gemessen werden können, also nicht etwa auch Grammophonplatten oder Statuetten. Ebenso dürfte es nicht zweifelhaft sein, daß der Druck- und Verlagsort und der Name des Druckers und Verlegers nur auf solchen Druckwerken angegeben werden können, die im gewöhnlichen Wortsinn „gedruckt" und „verlegt" werden, also zum Beispiel nicht auch auf Kinofilmen oder Denkmünzen[1]).

Auch der Begriff des „Pressewesens", wie ihn Artikel 10, Z. 6, des Bundes-Verfassungsgesetzes verwendet, ist in einem engeren Sinn zu verstehen oder wird doch in einem engeren Sinn verstanden. Sein Umfang entspricht weder gegenständlich dem Begriff des Druckwerkes, wie es im § 2, Abs. 1, des Preßgesetzes definiert ist, noch, sofern es sich um die verschiedenen Beziehungen handelt, in denen Druckwerke rechtlicher Regelung unterworfen werden können, dem des Preßrechtes in dem oben entwickelten Sinn. So haben, obwohl vervielfältigte Filme Druckwerke sind und das Pressewesen zu den Angelegenheiten gehört, in denen die Gesetzgebung und Vollziehung ausschließlich Sache des Bundes ist, mehrere Länder eigene „Lichtspielgesetze" erlassen (Tirol: Gesetz vom 23. Februar 1927, LGBl. Nr. 23, betreffend die Vorführung von Lichtbildern [Lichtspielgesetz], Vorarlberg: Gesetz vom 22. Dezember 1927, LGBl. Nr. 28, betreffend die Vorführung von Lichtbildern [Lichtspielgesetz], Wien: Gesetz vom 11. Juni 1926, LGBl. Nr. 35, betreffend die Vorführung von Lichtbildern [Wiener

[1]) Von den Bearbeitern des deutschen Preßrechtes wird die Einschränkung der analogen Bestimmungen auf Druckwerke im engern Sinn meist auf Gewohnheitsrecht zurückgeführt.

Kinogesetz], in geänderter Fassung neu verlautbart durch Verordnung der Wiener Landesregierung vom 8. April 1930, LGBl. Nr. 29, und Steiermark: Gesetz vom 28. Mai 1929, LGBl. Nr. 87, betreffend die Vorführung von Laufbildern [Steiermärkische Laufbilderordnung]) und die Verfassung selbst stellt dem „Pressewesen", das gemäß dem oben entwickelten Begriff des Preßrechtes auch das Preßgewerberecht umfassen müßte, in einem andern Punkt desselben Artikels (Z. 8) ohne irgendwelche Einschränkung die „Angelegenheiten des Gewerbes und der Industrie" gegenüber. Die Zuständigkeit des Bundes zur Erlassung von preßgewerblichen Bestimmungen und von Vorschriften, durch die Kinofilme in strafrechtlicher und strafprozessualer Beziehung als Druckwerke behandelt werden, kann daher nicht aus seiner Kompetenz zur Regelung des „Pressewesens", sondern nur aus seiner Kompetenz zur Regelung der „Angelegenheiten des Gewerbes und der Industrie" (Art. 10, Z. 8) und zur Regelung und Verwaltung des „Strafrechtswesens" (Art. 10, Z. 6) abgeleitet werden.

Gebraucht aber das Bundes-Verfassungsgesetz den Ausdruck „Presse" in dem engeren Sinn des gewöhnlichen Sprachgebrauches, dann gilt auch die in dem Gesetze über die allgemeinen Rechte der Staatsbürger enthaltene Bestimmung, daß die Presse weder unter Zensur gestellt, noch durch das Konzessionssystem beschränkt werden darf, nur für die „Presse" in diesem engeren Sinn und nicht auch für Kinofilme und ihre Vorführung. Wohl aber soll sich nach mehreren Entscheidungen des Verfassungsgerichtshofes (vom 18. März 1926, Sg. 552, vom 23. Juni 1926, Sg. 630, vom 27. Februar 1928, Sg. 949, und vom 22. Oktober 1928, Sg. 1089) der Beschluß der Provisorischen Nationalversammlung vom 13. Oktober 1918, StGBl. Nr. 3, daß „jede Zensur als dem Grundrecht der Staatsbürger widersprechend . . . aufgehoben" ist, — obwohl die Grundrechte nur von der Preßzensur reden und in dem Beschluß selbst gleich darauf von der Einstellung von Druckschriften und von der Herstellung der Preßfreiheit die Rede ist — nicht bloß auf die Preßzensur, sondern auch auf die Theater- und Filmzensur beziehen.

C. Einzelne Arten von Druckwerken.

Innerhalb des Preßrechtes als eines Sonderrechtes gibt es wieder ein Sonderrecht für bestimmte Arten von Druckwerken.

1. Die wichtigste dieser Sondergruppen bilden die Zeitungen. Nach dem Gesetze (§ 2, Abs. 2) ist die Zeitung „ein Druckwerk mit einem nicht vorweg begrenzten Inhalt, das unter demselben Namen und in fortlaufenden Nummern, Stücken oder Heften, wenn auch in unregelmäßigen Zeitabständen erscheint und dessen einzelne Nummern, wenn auch jede ein in sich geschlossenes Ganzes bildet, durch ihren Inhalt in einem Zusammenhang stehen"[1]). Durch das Merkmal des nicht vorweg begrenzten Inhaltes unterscheidet sich die Zeitung vom Lieferungswerk. Dadurch, daß für die Zeitabstände des Erscheinens im Gesetze keine obere Grenze gesetzt ist, wird die Abgrenzung schwierig. Vierteljahrsschriften dürften wohl noch als Zeitungen anzusehen sein, dagegen wohl nicht mehr einmal jährlich erscheinende Jahrbücher oder Kalender. So große Zeitabstände stehen dem Erfordernis der Kontinuität, des „fortlaufenden" Erscheinens entgegen. Unter dem „inhaltlichen Zusammenhang", in dem die einzelnen Nummern oder Hefte stehen müssen, dürfte nicht so sehr ein Zusammenhang zwischen den behandelten Gegenständen als der einheitliche Plan, die einheitliche Richtung und Tendenz zu verstehen sein[2]).

Unter den gesetzlichen Begriff der Zeitung fallen auch die sogenannten Zeitungskorrespondenzen, das sind periodisch erscheinende, meist nur lithographisch oder auf ähnliche Weise vervielfältigte, ausschließlich zur Verteilung an Zeitungsredaktionen bestimmte Sammlungen von vermischten Nachrichten

---

[1]) Nach dieser Begriffsbestimmung ist unter „Zeitung" das die einzelnen Nummern zu einem größeren Ganzen vereinigende Gesamtdruckwerk zu verstehen. Das Gesetz hält aber an diesem Sprachgebrauch nicht fest. Wenn es davon spricht, daß durch den Inhalt einer „Zeitung" eine strafbare Handlung begangen werde (§§ 30, 43), so meint es damit die einzelne Nummer als Druckwerk im abstrakten Sinn; wenn es im § 7 bestimmt, daß jeder, dem die freie Verwaltung seines Vermögens zusteht, „Zeitungen" verkaufen dürfe, so meint es damit die einzelnen Stücke einer oder mehrerer Nummern der Zeitung als körperliche Sachen, und wenn es im § 8 von der Verwaltung der Zeitung und an mehreren andern Stellen vom Eigentümer einer Zeitung spricht, so meint es damit die Zeitung als wirtschaftliches Unternehmen.

[2]) Vgl. Chassan, Traité des délits et des contraventions de la presse, p 123: „on donne le nom du journal à tous les écrits, quelques soient le mode et l'époque de leurs publications successives, qui par leur titre, leur plan et esprit forment un ensemble et un tout".

und Tagesneuigkeiten oder auch nur von Nachrichten bestimmter Art. Sie unterliegen demnach allen für Zeitungen geltenden Vorschriften. § 20, Abs. 2, des Preßgesetzes befreit sie nur von der Ablieferung von Pflichtstücken.

2. Ein Sonderrecht gilt auch für „Druckwerke, die von dem Nationalrat, dem Bundesrat, der Bundesversammlung, einem Landtag, der Akademie der Wissenschaften oder von einer Bundes- oder Landesbehörde innerhalb ihres Wirkungskreises herausgegeben werden" (§ 14 PreßG.). Der Grund für die Sonderbehandlung besteht offenbar darin, daß ein Mißbrauch der Preßfreiheit bei ihnen nicht zu befürchten ist. Nicht privilegiert sind die von Gemeindevertretungen oder Gemeindebehörden herausgegebenen Druckwerke; ebensowenig die von kirchlichen Behörden herausgegebenen Druckwerke, wenn die kirchliche Behörde nicht etwa zugleich eine staatliche Behörde ist. Als Behörden im Sinne des § 14 des Preßgesetzes sind auch Ämter ohne Befehls- oder Entscheidungsgewalt anzusehen, wie etwa das Bundesamt für Statistik oder das kartographische Institut.

3. Eine weitere Sondergruppe von Druckwerken bilden die „Druckwerke, die nur dem Verkehr, dem häuslichen oder geselligen Leben oder gewerblichen Zwecken dienen" (§ 15, Abs. 2, § 16, Abs. 3, § 20, Abs. 2, PreßG.). Sie sind wegen der präsumtiven Harmlosigkeit ihres Inhaltes in bestimmten Beziehungen privilegiert. Im Preßgesetz vom Jahre 1862 waren als Beispiele ausdrücklich angeführt: „Formulare, Preiszettel, Visitkarten u. dgl.". Die Streichung dieser Worte sollte aber nach dem Ausschußbericht den Sinn der Bestimmung nicht ändern. Das Privileg gilt also nicht etwa auch für Liebesbriefsteller, Bücher über den guten Ton, Sammlungen von Vorträgen für Herrenabende oder für Zirkulare, mit denen über eine bestimmte Unternehmung von einem Kartell der Boykott verhängt wird, u. dgl., sondern nur für Druckwerke ihrer Gattung nach harmlosen Inhaltes, die sich als technische Hilfsmittel bei den im Gesetz angeführten Lebensbetätigungen darstellen, wie etwa Maß- und Gewichtstabellen, Eisenbahn- oder Trambahnfahrscheine, Aktien, Wechselblankette, Geburts-, Vermählungs- oder Todesanzeigen, Kursbücher, Taschenkalender usw. Diesen Druckwerken sind durch das Gesetz ausdrücklich gleichgestellt „Stimmzettel und Angaben über den Wahlvorgang", das heißt Mitteilungen über Gegenstand, Ort und Zeit der Wahl, das

nach der Wahlordnung dabei zu beobachtende Verfahren u. dgl., dagegen nicht etwa auch Wahlaufrufe. Druckwerke, die dieses Privilegs teilhaftig werden wollen, dürfen nur den angegebenen Zwecken dienen; sie dürfen nichts enthalten, was von den im Gesetz erwähnten Bedürfnissen nicht unbedingt gefordert wird (Entscheidung vom 26. Februar 1926, SSt VI 29). Darum fällt die Ansichtspostkarte nicht unter die Sondervorschrift. Sie ist heute im Widerspruch zu ihrem Namen längst nicht mehr auf harmlose Landschaftsbilder beschränkt, die „Ansichten" bestehen häufig in Reproduktionen von Gemälden aller Art, Karikaturen oder Aktphotos. Sie dient daher nicht mehr ausschließlich dem Verkehr, sondern auch ästhetischen Bedürfnissen oder doch der Unterhaltung. Etwas weiter als in den angeführten Bestimmungen des Preßgesetzes ist der Ausdruck „Preßerzeugnisse, welche lediglich den Bedürfnissen des Gewerbes und Verkehres oder des häuslichen oder geselligen Lebens zu dienen bestimmt sind, ohne als artistische Erzeugnisse angesehen werden zu können" — wegen der dort ausdrücklich angeführten Beispiele — im § 21 der Gewerbeordnung zu verstehen (siehe unten S. 36).

4. Besondere Regeln (§ 16, Abs. 3, § 30, Abs. 1, und § 20) gelten endlich auch für **Plakate und für „Druckwerke, deren Umfang drei Druckbogen nicht übersteigt"**. Im Gesetz selbst kommt der Ausdruck „Plakat" nicht vor. Es spricht von „Druckwerken, die ausgehängt oder angeschlagen werden", und zwar, wie das Zitat des § 11 ergibt, „an einem öffentlichen Orte". Aus dem Ausschußbericht zu § 11, dem Zusammenhang der neuen Bestimmungen mit § 23 des früheren Preßgesetzes und seinen Vorgängern und der ratio legis darf jedoch gefolgert werden, daß das Gesetz nur Druckwerke meint, die die Bezeichnung Plakate vertragen, das heißt, die um ihres gegenständlichen Inhaltes willen und nicht etwa nur als Leistungsproben ausgehängt oder angeschlagen werden. Eine im Schaufenster einer Kunsthandlung ausgestellte Radierung oder eine in das Schaufenster einer Papierhandlung gelegte Ansichtspostkarte ist im Sinne des § 16 des Preßgesetzes kein „Druckwerk, das ausgehängt wird". Schon nach dem früheren Preßgesetz waren ferner von der damals bestehenden Plakatzensur ausdrücklich ausgenommen „Kundmachungen von rein örtlichem oder gewerblichem Interesse, als: Theaterzettel, Ankündigungen von öffentlichen Lustbarkeiten, von Vermietungen, Verkäufen

u. dgl.". Das geltende Preßgesetz bestimmt in ähnlicher Weise, daß für Druckwerke, die nur dem Verkehr, dem häuslichen oder geselligen Leben oder gewerblichen Zwecken dienen, auch wenn sie ausgehängt oder angeschlagen werden, die Sondervorschriften für Plakate nicht gelten (§ 16, Abs. 3).

Den Sonderbestimmungen unterliegen alle nicht ausgenommenen Druckwerke, die tatsächlich ausgehängt oder angeschlagen werden, mögen sie auch ursprünglich nicht dazu bestimmt gewesen sein. Als Aushängen oder Anschlagen ist auch anzusehen das Umhertragen in den Straßen, das Anmalen auf Bürgersteigen oder Mauerflächen (sofern es nur an „vielen" Stellen und mit Schablonen oder mit anderen mechanischen oder chemischen Mitteln geschieht), das Anbringen von Diaphaniebildern auf den Scheiben der Straßenbahn u. dgl. und wohl auch das Projizieren von Bildern oder Texten mit Hilfe von Scheinwerfern. Allerdings werden meist die Transparentbilder oder Texte selbst, weil nur in einem Stück hergestellt, keine Druckwerke sein.

Unter Druckwerken, deren Umfang drei Druckbogen nicht übersteigt, können nur Druckwerke verstanden werden, die eine Messung nach Druckbogen vertragen, also nur Druckwerke, die auf Papier gedruckt sind, nicht etwa auch Gipsabgüsse oder Filmstreifen oder Kopftücher aus bedrucktem Kattun. Gefaltet braucht das Papier nicht zu sein, wie sich aus der Erwähnung der Kunstdrucke im letzten Absatz des § 20 ergibt. Es gehören dazu also auch Ansichtspostkarten, Photographien, Radierungen, Landkarten usw., deren Größe das Flächenmaß von drei Druckbogen nicht übersteigt.

In einem engeren Sinn dürfte der Ausdruck im § 16, Abs. 3, zu verstehen sein, obwohl darin auf § 20 verwiesen ist. Im Ausschußbericht zu § 11 heißt es nämlich mit Beziehung auf § 16, Abs. 3: „Dieselbe Bestimmung" (wie für Plakate) „ist auch für *Flugblätter* normiert, *die als Druckwerke bezeichnet werden, deren Umfang drei Druckbogen nicht übersteigt*; damit soll der Anonymität halbwegs gesteuert werden, an der jeder Versuch, einen beleidigenden Inhalt zur Verantwortung zu ziehen, zerschellt." Das Gesetz will demnach im § 16 nur Flugschriften treffen, also Druckwerke geringen Umfanges mit propagandistischem oder polemischem Inhalt, die zur raschen und ausgedehnten Verbreitung bestimmt und wegen ihres geringen Umfanges und ihres billigen Preises — wenn sie nicht überhaupt unentgeltlich abgegeben werden — zur Massenverbreitung besonders geeignet sind und die aus all diesen Gründen vom Standpunkt der Rechtsordnung gefährlicher scheinen als dickleibige Folianten. Auf Ansichtspostkarten, Filmstarphotographien oder Landkarten braucht demnach, obwohl ihr Umfang drei Druckbogen nicht überschreitet, keine „für den Inhalt verantwortliche Person" angegeben zu werden.

D. Die Verbreitung.

Unter Verbreitung versteht das Preßgesetz (§ 3) „den Vertrieb, den Verschleiß, die Verteilung des Druckwerkes, dessen Anschlagen, Aushängen oder Auflegen, sowie jede andere Tätigkeit, wodurch es einem größeren Personenkreis zugänglich gemacht wird". Da man nur körperliche Sachen vertreiben, verschleißen, verteilen, anschlagen, aushängen oder auflegen kann, nicht auch literarische oder künstlerische Werke als Gedankendinge, ist hier das Wort Druckwerk nicht im Sinn des § 2 des Preßgesetzes, sondern in dem Sinn zu verstehen, in dem es die einzelnen Vervielfältigungen, die Stücke oder Exemplare eines Werkes bezeichnet. Daraus folgt, daß als Verbreitung nur eine Tätigkeit angesehen werden kann, die den körperlichen Träger der Gedanken — wenn auch nur in einer einzelnen Vervielfältigung — einem größeren Personenkreise physisch zugänglich macht, so daß sie ihn zum mindesten s e h e n können. Es genügt nicht eine Tätigkeit, die diesem Kreis bloß den geistigen Inhalt vermittelt, wie etwa das Vorlesen eines literarischen Werkes, das Vorspielen eines Musikstückes oder die Aufführung eines dramatischen Werkes. Diese Ansicht ist jedoch nicht unbestritten. Unter der Herrschaft des alten Preßgesetzes hat der Oberste Gerichtshof in den Entscheidungen vom 14. Juni 1901 und vom 10. Februar 1903, Sg. 2617, 2807, in dem Vorlesen einer Druckschrift eine Verbreitung erblickt. Zweifelhaft ist auch, ob das Vorführen eines (vervielfältigten) Filmes als Verbreitung des Filmwerkes angesehen werden kann. Dafür spricht die Erwägung, daß durch die Projektion der Filmstreifen selbst, wenn auch mit Hilfe besonderer optischer Vorrichtungen, den Augen des Publikums zugänglich gemacht wird. Es ist im wesentlichen nicht anders, als wenn man ein Bild durch ein Vergrößerungsglas oder ein Stereoskop betrachtet. Dagegen hat man eingewendet, daß die Art der Vor-

führung eine dauernde oder wiederholte Betrachtung einzelner Bilder unmöglich mache, gerade in dieser Möglichkeit dauernder und beliebig oft wiederholter Einwirkung aber einer der Hauptgründe liege, warum für Druckwerke andere Rechtsregeln gelten als für das gesprochene Wort. Allein mit derselben Begründung müßte man auch einem nach kurzer Zeit wieder entfernten Anschlag den Charakter als Verbreitungsakt absprechen.

Unter der Herrschaft des früheren Preßgesetzes hat der Oberste Gerichtshof in wiederholten Entscheidungen die Ansicht vertreten, von Verbreitung könne nur gesprochen werden, wenn das Druckwerk einer individuell nicht begrenzten Mehrzahl von Personen zugänglich gemacht werde. Nach der Definition des neuen Preßgesetzes kann es nicht zweifelhaft sein, daß es zur Verbreitung auch genügt, wenn ein Druckwerk einer größeren Zahl individuell bestimmter Personen zugänglich gemacht wird (so jetzt auch der Oberste Gerichtshof in der Entscheidung vom 2. März 1925, SSt V 21). Man kann ein Buch auch in einem geschlossenen Kreis, z. B. in einer parlamentarischen Körperschaft, einem Klub, einer geschlossenen Versammlung, verbreiten. Eine vertrauliche Mitteilung an einige wenige Personen ist dagegen keine Verbreitung.

Zugänglich gemacht ist ein Druckwerk nur so weit, als man von seinem Inhalt Kenntnis nehmen kann. Liegt ein Buch geschlossen im Schaukasten eines Buchhändlers, so ist nur sein Titel dem Publikum zugänglich, nicht sein Inhalt. Der Buchhändler hat es also (entgegen der vom Obersten Gerichtshof unter der Herrschaft des alten Preßgesetzes in den Entscheidungen vom 22. April 1893 und vom 15. Dezember 1893, Sg. 1643 und 1741 ausgesprochenen Ansicht) durch das Auslegen im Schaufenster allein noch nicht verbreitet. Doch liegt in dem Bereithalten eines Buches zum Verkauf eine Verbreitung, wenn es ohne Wissen und Willen des Buchhändlers durch seine Angestellten verkauft werden kann. Denn es ist dann für jedermann zu haben, jedermann „zugänglich", ohne daß es noch einer weiteren Handlung oder auch nur eines weiteren Entschlusses des Buchhändlers bedürfte. Auch ohne diese Voraussetzung erblickt in dem Feilhalten eines Buches eine Verbreitung die oben angeführte Entscheidung des Obersten Gerichtshofes vom 22. April 1893, Sg. 1643. Nach dieser Entscheidung soll auch schon der Verkauf eines einzigen Exemplares zur Ver-

breitung genügen. Nach der Entscheidung vom 31. Dezember 1923, SSt III 107 soll ferner eine Verbreitung auch schon gelegen sein in dem „Einlagern und Bereithalten" eines Druckwerkes „zur Ablieferung an die unbekannten Besteller". Verbreitet wird ein Buch jedenfalls dann, wenn es in einen Verkaufsautomaten gelegt wird, aus dem es jeder ohne Zutun einer andern Person entnehmen kann, oder wenn es in einem allgemein zugänglichen Laden aufliegt, so daß es jeder, der ihn betritt, zur Hand nehmen und darin blättern kann.

Wie sich aus diesen Beispielen ergibt, ist es zur Verbreitung nicht erforderlich, daß ein größerer Kreis von Personen von dem Inhalt des Druckwerkes wirklich Kenntnis genommen hat.

Daraus, daß das Preßgesetz an einer andern Stelle (§ 30) den „Verbreiter" dem Drucker und Verleger gegenüberstellt, darf nicht gefolgert werden, daß die Tätigkeit dieser Personen noch nicht als Verbreitung angesehen werden könne. Die Übergabe des Druckwerkes durch den Drucker an den Herausgeber oder Verleger ist allerdings, wie der Oberste Gerichtshof in den Entscheidungen vom 5. Februar 1895, Sg. 1864, und vom 15. April 1903, Sg. 2829, ausgesprochen hat, noch keine Verbreitung. Auch mit der Ablieferung der Pflichtexemplare an die Sicherheitsbehörde oder den Staatsanwalt ist das Druckwerk noch nicht verbreitet. Wohl aber liegt eine Verbreitung bereits in dem Versenden des Druckwerkes durch den Drucker oder durch den Verleger an die Sortimentsbuchhändler oder sonstigen Verschleißer. Denn die mehreren Verschleißer und Sortimentsbuchhändler stellen selbst schon einen größeren Kreis von Personen dar. Dasselbe gilt von der Versendung von Rezensionsexemplaren an die Zeitungen.

E. Die preßrechtlich verantwortlichen Personen.

Die Sonderbestimmungen des Preßrechtes bestehen zu einem großen Teil darin, daß sie bestimmten, an der Herstellung und Verbreitung von Druckwerken beteiligten Personen besondere Rechte gewähren oder besondere Pflichten auferlegen. Da die Pflichten und die damit verbundene Verantwortung im Vordergrunde stehen, pflegt man diese Personen die preßrechtlich verantwortlichen Personen zu nennen. Solche Sonderrechte und Sonderpflichten gibt es auf allen Gebieten des Preßrechtes, im Preßgewerberecht sowohl wie im Preßpolizeirecht und im

Preßstrafrecht. Von den preßrechtlich verantwortlichen Personen ist daher im Allgemeinen Teil zu handeln. Im einzelnen kommen in Betracht: der Drucker, der Verleger, der Zeitungsherausgeber, der Zeitungseigentümer, der verantwortliche Redakteur, die verantwortliche Person nach § 16, Abs. 3, PreßG. und endlich der Verbreiter. In einem engeren Sinn spricht man von preßrechtlich verantwortlichen Personen nur mit Beziehung auf die Verantwortlichkeit für Inhaltsdelikte. In diesem engeren Sinn gehören der Herausgeber und der Zeitungseigentümer nicht zu den preßrechtlich verantwortlichen Personen.

1. Der Drucker. Das Wort „Drucker" bezeichnet im Preßgesetz einmal das Subjekt einer bestimmten Tätigkeit, sodann aber auch eine bestimmte Stellung im Betriebe des Gewerbes. In der ersten Anwendung ist der Begriff ebenso zwiespältig wie der des Druckwerkes selbst. In allen Bestimmungen, wo das Wort Druckwerk in dem weiten Sinn des § 2 PreßG. zu verstehen ist, also insbesondere in den strafrechtlichen und strafprozessualen Bestimmungen, bezeichnet das Wort Drucker jeden, der die den Gedankeninhalt eines Druckwerkes verkörpernden Vervielfältigungen herstellt, der die körperlichen Sachen erzeugt, die den Gedanken in einen größeren Kreis von Personen zu tragen bestimmt sind. In diesem Sinn ist Drucker nicht nur der Buchdrucker oder Lithograph, sondern auch der Photograph, der Medailleur, der Erzeuger von Grammophonplatten usw. Wo aber das Wort Druckwerk — wie in den gewerberechtlichen und preßpolizeilichen Bestimmungen — nur solche Werke bezeichnet, die im gewöhnlichen Sinn „gedruckt" werden, hat auch das Wort Drucker diese engere Bedeutung.

In beiden Bedeutungen aber ist nach § 4 des Preßgesetzes nicht jeder als Drucker anzusehen, der an der technischen Herstellung des Druckwerkes mitwirkt, sondern nur der Inhaber der Druckerei. Wird das Gewerbe von einem Geschäftsführer (über den Begriff vgl. die Entscheidung des Obersten Gerichtshofes vom 15. Oktober 1926, SSt VI 111) geleitet oder durch einen Pächter ausgeübt, so sind diese Subjekte der im Preßgesetz dem Drucker auferlegten Pflichten und für die Verletzung dieser Pflichten verantwortlich. In anderen Beziehungen wird durch diese Bestimmung der Geschäftsführer und der Pächter dem Inhaber nicht gleichgestellt. Als „Name oder Firma des Druckers" im Sinne des § 15 PreßG. ist nach § 44 der Gewerbeordnung nur der Name und die Firma des Inhabers oder

Pächters anzusehen. Durch Angabe des Namens des Geschäftsführers würde der gesetzlichen Vorschrift nicht entsprochen.

Nach dem zweiten Absatz des § 4 PreßG. treffen die Verpflichtungen und die Verantwortung des Druckers auch den, der das Druckwerk herstellt, ohne das Gewerbe eines Druckers auszuüben.

2. Der Verleger. Auch der Ausdruck Verleger ist in den Bestimmungen des Preßgesetzes nicht immer in demselben Sinn zu verstehen. Der Umfang des Begriffes wechselt parallel mit dem Umfang des in demselben Zusammenhang gebrauchten Begriffes Druckwerk. Im Sinne der strafrechtlichen und strafprozessualen Bestimmungen gibt es also auch einen Verleger von Grammophonplatten oder Kinofilmen.

Der Verleger im Sinne des Preßrechtes ist nicht identisch mit dem Verleger im Sinne des ABGB. oder des Urheberrechtsgesetzes. Verleger im Sinne des Preßgesetzes ist nicht, wer durch einen Vertrag mit dem Autor das Recht zur Vervielfältigung und zum Vertrieb erworben hat, sondern, wer faktisch das tut, wozu der Verlagsvertrag den Verleger verpflichtet und berechtigt, wer das Werk, sei es auch unberechtigterweise, vertreibt, wer bewirkt, daß es „erscheint", daß es aus dem Kreis der an der Herstellung beteiligten Personen in die Öffentlichkeit tritt oder dem größeren Kreis zugänglich wird, in dem es verbreitet werden soll. Es ist nicht erforderlich, daß das entgeltlich geschieht oder daß der Vertrieb, wenn das der Fall ist, auf eigene Rechnung geschieht. Besorgt der Urheber oder Herausgeber eines Werkes den Vertrieb selbst und im eigenen Namen, so spricht man von Selbstverlag (§ 7 PreßG.). Herausgeber (§ 30 PreßG.) ist, wer in Beziehung auf das Werk, ohne selbst der Verfasser zu sein, doch eine literarische (nicht eine gewerbliche) Tätigkeit entfaltet, indem er es zum Druck bereit macht, wie z. B. der Herausgeber eines Sammelwerkes, eines nachgelassenen oder alten Werkes.

Auch unter dem Verleger ist, wenn es sich um gewerbsmäßigen Verlag handelt, nur der Inhaber des Gewerbes zu verstehen. Für den Geschäftsführer und Pächter eines solchen Gewerbes gelten dieselben Bestimmungen wie für den Drucker (§ 4, Abs. 3, PreßG.).

3. Der Zeitungsherausgeber. Unter dem Zeitungsherausgeber ist weder der Zeitungsunternehmer noch der Chefredakteur, noch — wie von Liszt für das alte Preßgesetz behauptete —

die „administrative Seele des Unternehmens", sondern die Person zu verstehen, die die Richtung des Blattes bestimmt, sein geistiger Führer, sein literarischer Repräsentant. Er ist der Vorgesetzte aller Redakteure, auch des Chefredakteurs. Dieser hat nach den allgemeinen Instruktionen des Herausgebers den Inhalt der einzelnen Nummer zu gestalten. Die Richtung der Zeitung aber bestimmt der Herausgeber. Zeitungsherausgeber kann auch eine juristische Person oder eine Behörde sein (vgl. § 14 PreßG.), da auch sie bestimmte Ideen und eine bestimmte Willensrichtung vertreten können. Die in den §§ 19, 22 und 26 angedrohten Strafen treffen in diesem Fall die physischen Personen, die als Organe der juristischen Person oder Behörde die Herausgabe besorgen.

Der hier vertretenen Auffassung scheinen die §§ 12, 41 und 42 des Preßgesetzes zu widersprechen, weil sie den Herausgeber mit Ausschluß des Zeitungseigentümers zur Vertretung bestimmter Interessen der Zeitung berufen, die nicht rein literarischer, sondern auch ökonomischer Natur sind. Man kann das nur so verstehen, daß damit dem Zeitungsherausgeber eine Art Prozeßführungsrecht eingeräumt oder eine gesetzliche und ausschließliche Vollmacht zur Vertretung der Interessen des Zeitungsunternehmens erteilt wird.

4. Der Zeitungseigentümer. Das Preßgesetz spricht an vier Stellen (§ 5, 16, 19 und 26) vom Zeitungseigentümer und erläutert dieses Wort die ersten beiden Male dadurch, daß es in Klammern das Wort „Zeitungsunternehmer" hinzufügt. Zeitungseigentümer ist demnach, wer das Zeitungsunternehmen auf eigene Rechnung betreibt, wer Subjekt der Privatrechte und -verbindlichkeiten ist, die aus dem Betrieb dieses Unternehmens entstehen, insbesondere auch der Rechte und Verbindlichkeiten, die sich aus der Anstellung der Redakteure und des sonstigen Personales ergeben. Gleichgültig ist es, ob der Zeitungsunternehmer die mit dem Betrieb verbundenen Auslagen aus eigenen Mitteln bestreitet oder ob ihm diese Mittel von einer anderen physischen oder juristischen Person, sei es darlehensweise oder ohne Anspruch auf Rückerstattung, zur Verfügung gestellt werden. Der „Geldgeber" einer Zeitung ist nicht ihr Eigentümer.

Eigentümer einer Zeitung kann eine physische oder juristische Person sein. Im letzteren Falle treffen die Strafen, die dem Zeitungseigentümer im Gesetz angedroht werden, die geschäftsführenden Organe der juristischen Person.

5. Der verantwortliche Schriftleiter. Verantwortlicher Schriftleiter einer Zeitung ist nicht, wer als solcher auf den einzelnen Nummern der Zeitung angegeben ist (Benennungstheorie), noch wer tatsächlich in Beziehung auf die einzelne Nummer die Redaktionstätigkeit ausgeübt, also die Beiträge selbst ausgewählt und für den Druck zusammengestellt hat (Tätigkeitstheorie), sondern wer vom Zeitungsunternehmer oder in seinem Namen vom Herausgeber der Zeitung oder vom Chefredakteur damit betraut worden ist, den Inhalt der Zeitung oder eines bestimmten Teiles der Zeitung in strafrechtlicher Beziehung zu überwachen und für die Aufnahme der Zwangseinschaltungen zu sorgen, die das Gesetz den Zeitungen zur Pflicht macht (Berichtigungen § 23, gerichtliche Entscheidungen §§ 25 und 43 PreßG. — Bestellungstheorie). Das ergibt sich für das österreichische Recht, abgesehen vom § 19, insbesondere aus § 16, Abs. 2, PreßG., wo davon die Rede ist, daß für eine Zeitung mehrere verantwortliche Redakteure „bestellt" sind. Von einer solchen Bestellung kann nur die Rede sein, wenn dem Bestellten auch tatsächlich die Machtbefugnis eingeräumt ist, kraft eigener Entschließung und ohne noch der Zustimmung irgendeiner andern Person zu bedürfen, Beiträge, die nach seiner Ansicht einen strafbaren Inhalt haben, von der Veröffentlichung auszuschließen und die Aufnahme der Pflichteinschaltungen zu verfügen. Der verantwortliche Redakteur ist m. a. W. der private Zensor der Zeitung, allerdings ein Zensor, dessen Prüfungsrecht sich nur auf die L e g a l i t ä t des Inhaltes erstreckt. Er versieht gleichsam ein öffentliches Amt. Darum stellt auch das Gesetz für die Bestellung zum verantwortlichen Schriftleiter dieselben persönlichen Voraussetzungen auf, wie sie für die Bekleidung eines öffentlichen Amtes gefordert werden (Großjährigkeit und Vollbesitz der bürgerlichen Rechte, § 18, Abs. 1, PreßG., vgl. auch § 26, lit. c StG.).

Wird jemand als verantwortlicher Redakteur bezeichnet, der die angeführte Machtbefugnis nicht hat, so ist er nicht verantwortlicher Redakteur. Die Strafbestimmungen des § 30 sind auf eine solche Person nicht anwendbar, die Benennung auf der Zeitung ist eine falsche Angabe, die an „jedem, der sie verschuldet hat," — in Betracht kommen insbesondere der Zeitungsunternehmer, der Herausgeber und der

Chefredakteur, aber auch die bezeichnete Person selbst, wenn sie mit ihrer Benennung als verantwortlicher Schriftleiter einverstanden war, ohne die entsprechende Machtbefugnis zu besitzen — und, wenn er darum weiß, auch an dem Drucker nach § 17 PreßG. zu bestrafen ist.

Damit der verantwortliche Redakteur jederzeit ohne Umstände vor Gericht gestellt werden könne, ist vorgeschrieben, daß er in Österreich seinen ständigen Wohnsitz haben muß und daß Personen, denen als Mitgliedern gesetzgebender Körperschaften die parlamentarische Immunität zukommt, nicht verantwortliche Schriftleiter sein können (§ 18 PreßG.).

6. **Die verantwortliche Person nach § 16, Abs. 3.** Nach § 16, Abs. 3, des Preßgesetzes muß auf jedem Druckwerk, das ausgehängt oder angeschlagen wird, weiter auf jedem, dessen Umfang drei Druckbogen nicht übersteigt, — sofern das Druckwerk nicht nur dem Verkehr, dem häuslichen oder geselligen Leben oder gewerblichen Zwecken dient oder zu den sogenannten Wahldrucksachen gehört — neben dem Namen des Druckers und des Verlegers auch Name und Wohnort einer Person angegeben werden, „die für den Inhalt des Druckwerkes verantwortlich ist". Wie schon früher erwähnt worden ist, bezieht sich diese Vorschrift trotz ihrer allgemeinen Fassung nur auf Plakate und Flugschriften. Diese verantwortliche Person muß dieselben Eigenschaften haben wie ein verantwortlicher Redakteur. Sie hat auch dieselben Aufgaben zu erfüllen wie dieser. Aus dem Zweck der Vorschrift ergibt sich, daß die Angabe einer „verantwortlichen Person" entbehrlich ist, wenn der Verfasser auf dem Druckwerk genannt wird und den persönlichen Anforderungen genügt, die für die verantwortliche Person vorgeschrieben sind.

7. **Der Verbreiter.** Als Verbreiter im Sinne des § 30 PreßG. ist — dem Begriff der Verbreitung (§ 3) entsprechend — jeder anzusehen, der das Druckwerk vertreibt, verschleißt, verteilt, anschlägt, aushängt oder auflegt oder irgendeine andere Tätigkeit entfaltet, wodurch es einem größeren Kreis von Personen zugänglich gemacht wird; also z. B. der Buchhändler, der Zeitungsverschleißer, der Kolporteur, der Straßenverkäufer, das Plakatierungsinstitut, der Leihbibliothekar usw. Auszunehmen sind nur der Verleger, der Zeitungsunternehmer und der Zeitungsherausgeber, weil das Gesetz über die Haftung dieser Personen besondere Vorschriften enthält. Auszunehmen sind

aber auch, obwohl es im Gesetz nicht ausdrücklich gesagt ist, alle Personen, die an der Verbreitung nur als Angestellte eines von einem anderen betriebenen Unternehmens mitwirken, also z. B. die Buchhandlungsgehilfen. Die Bestimmung des § 4 PreßG. über den „Drucker" ist hier sinngemäß anzuwenden.

III. Kapitel.

Das Preßgewerberecht.

Für den Betrieb der Preßgewerbe gelten grundsätzlich die Bestimmungen der Gewerbeordnung (§ 6, Abs. 3, PreßG.). Unter Preßgewerben sind die Gewerbe zu verstehen, die die Herstellung (i. e. mechanische oder chemische Vervielfältigung), den Verkauf oder das Verleihen von Druckwerken zum Gegenstand haben. Nach § 15, Z. 1 und 2, der Gewerbeordnung bedarf es zur Ausübung eines solchen Gewerbes einer Konzession. Sie dürfen nach § 21 der Gewerbeordnung in der Regel nur an Orten betrieben werden, wo eine politische Bezirks- oder Bundespolizeibehörde ihren Sitz hat. Ausgenommen von dieser letzten Beschränkung ist der ausschließlich auf Schul- und Gebetbücher, Kalender und Heiligenbilder beschränkte Handel. Die Konzession verleiht nach § 142, Abs. 2, die politische Landesbehörde (das Amt der Landesregierung). Nur die Konzession zu dem ausschließlich auf Schul- und Gebetbücher, Kalender und Heiligenbilder beschränkten Handel verleiht die Gewerbebehörde erster Instanz (die Bezirkshauptmannschaft oder in Städten mit eigenem Statut der Magistrat). Die Verleihung der Konzession setzt Eigenberechtigung (§ 2 Gewerbeordnung), Vertrauenswürdigkeit (§ 5, 6), bei Ausländern formelle Reziprozität (§ 8) und den Nachweis der besonderen Befähigung voraus (§ 23). Überdies ist bei der Verleihung auf die lokalen Verhältnisse Bedacht zu nehmen. Sie ist davon abhängig, daß vom Standpunkt der Sicherheits-, Sittlichkeits-, Gesundheits-, Feuer- und Verkehrspolizei gegen den beabsichtigten Gewerbebetrieb kein Anstand obwaltet (§ 23). Ausgenommen vom Konzessionszwang ist nach dem letzten Absatz des § 21 der Gewerbeordnung nur der Handel mit Preßerzeugnissen, die „lediglich den Bedürfnissen des Gewerbes und Verkehres oder des häuslichen oder geselligen Lebens zu dienen bestimmt sind, ohne als artistische Erzeugnisse angesehen werden zu können (Schulheften, Preislisten, Preiszetteln, Ansichts- und Glückwunschkarten, Vermietungsanzeigen, Rechnungsblanketten, Stundeneinteilungen, Schreibheften, Kontokorrents, Bücher- und Schreibheftschildern, Modellier- und Kolorierbogen, Abzugbildern, Laubsägevorlagen, Wunschbogen, Drucksorten für industrielle und Kanzleizwecke u. dgl.)"; ferner, weil der Gewerbeordnung überhaupt nicht unterliegend, der Selbstverlag und die Herausgabe und der Verschleiß periodischer Druckschriften (Kundmachungspatent zur Gewerbeordnung Art. V, lit. c und p).

Der Konzessionszwang steht zwar mit der Verfassungsbestimmung nicht in Widerspruch, daß „die Presse weder unter Zensur gestellt, noch durch das Konzessionssystem beschränkt werden darf" (Art. 13 des Staatsgrundgesetzes über die allgemeinen Rechte der Staatsbürger), weil sich diese Bestimmung nur auf die Herausgabe von Zeitungen oder Zeitschriften bezieht. Er widerspricht aber doch dem Geist des geltenden Preßgesetzes. Deshalb bestimmt dieses im ersten Absatz des § 6, daß es zum Betriebe eines Gewerbes, das die Herstellung, den Verkauf oder das Verleihen von Druckwerken zum Gegenstande hat, keiner besonderen Bewilligung (Konzession) bedarf. Diese Bestimmung ist aber bisher nicht in Wirksamkeit getreten. Nach der Übergangsbestimmung im § 47 des Preßgesetzes sollte sie am 1. Jänner 1926 in Kraft treten. Dieser Termin ist aber durch spätere Gesetze wiederholt hinausgeschoben worden, zuletzt durch das Gesetz vom 13. Dezember 1929, BGBl. Nr. 433, bis zum 1. Jänner 1933.

Die Herausgabe und der Verkauf von Zeitungen und der Verkauf selbstverlegter Druckwerke unterliegen, wie schon bemerkt, nicht dem Konzessionszwang.

Wer eine Zeitung herausgeben will, hat das lediglich vorher der Bundespolizeibehörde oder politischen Behörde erster Instanz des Erscheinungsortes anzuzeigen (§ 19). Die Anzeige hat zu enthalten: den Namen der Zeitung, die Zeitabschnitte des Erscheinens, den Namen und Wohnort des Druckers, des Herausgebers, des Zeitungsunternehmers und der verantwortlichen Schriftleiter. Die Anzeige verliert ihre Wirksamkeit, wenn die Zeitung nicht binnen Monatsfrist nach der Anzeige erscheint. Veränderungen, die während der Herausgabe eintreten, sowie das Aufhören des Erscheinens sind vorher, war aber die Veränderung unvorhergesehen, binnen drei Tagen nachher anzuzeigen.

Nach § 7 des Preßgesetzes kann ferner jeder, dem die freie

Verwaltung seines Vermögens zusteht, Zeitungen und selbstverlegte Druckwerke „in dem von ihm bestimmten Raume" verkaufen. Er braucht bloß den Raum spätestens mit dem Beginn des Verkaufes („rechtzeitig") der Bundespolizeibehörde oder politischen Behörde erster Instanz anzuzeigen. Selbstverlegte Druckwerke sind solche, die der Verfasser oder Herausgeber selbst, d. h. nicht bloß auf eigene Rechnung (das geschieht auch bei einem sogenannten Kommissionsverlag), sondern auch im eigenen Namen verlegt.

Außerhalb des bestimmten Raumes darf der Selbstverleger das Druckwerk überhaupt nicht verkaufen. Dagegen dürfen inländische Zeitungsunternehmungen (maßgebend für die Eigenschaft einer Druckschrift als inländischer ist der Erscheinungsort, Erlaß des Bundeskanzleramtes vom 9. Februar 1926, Zl. 90, 589), ebenso wie die nach der Gewerbeordnung zum Handel mit Druckwerken befugten Personen, außerhalb der Verkaufsstelle Bestellungen auf die Druckwerke sammeln lassen, zu deren Vertrieb sie berechtigt sind (§ 8 PreßG.). Die Personen, deren sie sich dazu bedienen, müssen mit amtlichen Ausweiskarten versehen sein. Die näheren Vorschriften enthält die Verordnung des Bundesministers für Handel und Gewerbe, Industrie und Bauten vom 27. Februar 1923, BGBl. Nr. 113.

Zeitungen mit Einschluß der Zeitschriften (§ 2, Abs. 2, PreßG.), nicht auch andere Druckwerke dürfen endlich auch auf der Straße und, sofern es der Verfügungsberechtigte nicht untersagt, auch an anderen öffentlichen Orten vertrieben werden. Nur die dem Gottesdienst gewidmeten Räume sind unbedingt ausgenommen (§ 9, Abs. 1, PreßG.). Auf jeder zum Straßenverkauf bestimmten Zeitungsnummer muß der Preis deutlich vermerkt sein. Ausgerufen werden darf nur der Name der Zeitung, nicht auch die Überschriften der Artikel oder andere Ankündigungen des Inhaltes (§ 9, Abs. 2). Personen unter 18 Jahren dürfen Druckwerke auf der Straße und an anderen öffentlichen Orten weder vertreiben noch unentgeltlich verteilen (§ 10, Abs. 1). Überhaupt verboten ist der Vertrieb von Druckwerken „von Haus zu Haus" (§ 10, Abs. 2), also das Aufsuchen fremder Personen in ihrer Wohnung, ihrem Geschäfte, Büro oder dgl., um ihnen mitgebrachte Druckwerke entgeltlich zu überlassen. Nicht verboten ist dagegen das *unentgeltliche* Verteilen von Haus zu Haus und selbstverständlich auch nicht die Zustellung schon vorher bestellter Druckwerke an die Kunden.

Das Hausieren mit Druckwerken im Umherziehen von Ort zu Ort oder von Haus zu Haus ohne feste Verkaufsstätte ist in der lit. o des § 12 des Hausierpatentes vom 4. September 1852, RGBl. Nr. 252, ausdrücklich verboten. Die formelle Fortgeltung dieser Bestimmung kann bezweifelt werden, weil das Preßgesetz nur auf die Gewerbeordnung und nicht auch auf das Hausierpatent verweist. Da aber die Gewerbeordnung, von bestimmten, hier nicht zutreffenden Ausnahmen abgesehen, nur Gewerbe mit fester Betriebsstätte kennt und sich im § 60 selbst auf das Hausierpatent bezieht, da ferner auch das Preßgesetz den von ihm geregelten Verkauf von Zeitungen — abgesehen vom Straßenverkauf, der sich mit dem Handel im Umherziehen keineswegs deckt — nur in „bestimmten Räumen" gestattet (§ 7) und den dem Handel im Umherziehen von Ort zu Ort verwandten Vertrieb von Druckwerken von Haus zu Haus ganz (also auch, soweit er von einer festen Betriebsstätte aus betrieben würde) verbietet, dürfte die fragliche Bestimmung des Hausierpatentes als fortgeltend anzusehen sein (so auch ein Erlaß des Bundesministers für Handel und Verkehr vom 5. Mai 1922, Zl. 23, 463).

Übertretungen der Gewerbeordnung, wie etwa der unbefugte Betrieb eines Preßgewerbes, unterliegen den von den Gewerbebehörden zu handhabenden Strafdrohungen der Gewerbeordnung, der Hausierhandel mit Druckwerken — neben einer eventuellen Bestrafung nach § 10, Abs. 2, und 13 PreßG. — den Strafbestimmungen des Hausierpatentes. In der Gewerbeordnung sind als Strafen angedroht: Verweis, Geldstrafen bis zu 600 S, Arrest bis zu drei Monaten, Entziehung des Rechtes, Lehrlinge oder jugendliche Hilfsarbeiter zu halten, und Entziehung der Gewerbeberechtigung, im Hausierpatent Geldstrafe, Verfall der Waren und Verlust der Hausierbefugnis. Übertretungen der nicht in der Gewerbeordnung oder im Hausierpatent, sondern im Preßgesetz enthaltenen Vorschriften gewerberechtlicher Natur (mit Ausnahme der Vorschriften des § 19 über die vorherige Anzeige der beabsichtigten Herausgabe von Zeitungen, siehe unten) sind von der Sicherheitsbehörde mit Geldstrafe bis zu 200 S oder mit Arrest bis zu 14 Tagen zu bestrafen. Im Straferkenntnis können die Stücke des Druckwerkes, auf die sich die strafbare Handlung bezieht (also zum

Beispiel die zum Straßenverkauf bestimmten, nicht mit Preisangaben versehenen Zeitungsexemplare), für verfallen erklärt werden. Kann keine bestimmte Person verfolgt und verurteilt werden, so kann auf den Verfall selbständig erkannt werden. Zur Sicherung des Verfalles ist die Beschlagnahme der dem Verfall unterliegenden Stücke des Druckwerkes zulässig (§ 13 PreßG.).

Gewerbebehörden erster Instanz sind die Bezirkshauptmannschaften und die Magistrate der Städte mit eigenem Statut, Sicherheitsbehörden erster Instanz im Sinne des Preßgesetzes (§ 7) die Bezirkshauptmannschaften und die Bundespolizeibehörden. In zweiter Instanz entscheidet über Berufungen gegen die Entscheidungen sowohl der Gewerbebehörden wie der Sicherheitsbehörden der Landeshauptmann. Gegen seine Entscheidung ist wegen Rechtswidrigkeit und unter bestimmten Voraussetzungen auch wegen des Strafmaßes die Beschwerde an den Verwaltungsgerichtshof zulässig.

Die Vorschriften des § 19 betrachtet das Preßgesetz nicht als Bestimmungen gewerberechtlicher Natur, sondern als solche über die „Ordnung in Preßsachen". Zuwiderhandlungen sind nach § 33 PreßG. von den Gerichten zu bestrafen. Das Nähere gehört in das Kapitel über das Preßstrafrecht.

IV. Kapitel.

Das Preßpolizeirecht.

Das Preßpolizeirecht oder, wie das Gesetz sagt, die „Ordnung in Preßsachen" umfaßt die Vorschriften, die die Überwachung der Presse zu erleichtern und nicht so sehr die Bestrafung der durch die Presse begangenen Delikte sicherzustellen, als durch Sicherstellung der Bestrafung Preßdelikte zu verhindern bestimmt sind. Ferner gehören hieher aber auch alle Vorschriften, die, wie die §§ 12 und 28 des Preßgesetzes, der Verwaltungsbehörde die Befugnis geben, zu Präventivzwecken die Verbreitung bestimmter Druckwerke zu verbieten oder zu beschränken. Dagegen gehört das herkömmlicherweise in diesem Zusammenhang behandelte Berichtigungsrecht nicht zum Preßpolizeirecht, sondern zum Preßjustizrecht; ebenso die mit Unrecht in den Abschnitt über die Ordnung in Preßsachen gestellten §§ 26 und 27 des Preßgesetzes, die — ebenso wie Artikel IV der Strafgesetznovelle vom Jahre 1929 — gegen einzelne Formen der Preßbestechung gerichtet sind. Für die im § 14 des Preßgesetzes den vom Nationalrat, Bundesrat, von der Bundesversammlung, einem Landtag usw. innerhalb ihres Wirkungskreises herausgegebenen Druckwerken (oben Seite 25) gewährte Befreiung „von den Bestimmungen dieses Abschnittes" ist aber natürlich nicht die theoretische Zugehörigkeit einer bestimmten Vorschrift zur „Ordnung in Preßsachen", sondern die Einreihung in den dritten Abschnitt des Preßgesetzes maßgebend. Die erwähnten Druckwerke sind daher nicht nur vom Ursprungszeugnis und der Verpflichtung zur Vorlage von Pflichtexemplaren, sondern auch von der Berichtigungspflicht, von der Verpflichtung zur vorherigen Anzeige von der Herausgabe (§ 19) und von der Verpflichtung zur Kennzeichnung bezahlter Ankündigungen (§ 26) befreit, nicht aber (theoretisch) gefeit gegen ein Verbreitungsverbot nach § 12.

1. Das Ursprungszeugnis.

Nach dem 1. Absatz des § 15 PreßG. müssen auf jedem Druckwerk der Druck- und Verlagsort sowie der Name oder die Firma des Druckers und des Verlegers genannt sein. Ausgenommen sind nach dem zweiten Absatz Druckwerke, die nur dem Verkehr, dem häuslichen oder geselligen Leben oder gewerblichen Zwecken dienen (siehe oben S. 25), ferner Stimmzettel und Angaben über den Wahlvorgang. Trotz des allgemeinen Wortlautes bezieht sich der erste Absatz nicht auf alle Druckwerke in dem weiten Sinn des § 2 PreßG., sondern nur auf solche, die im landläufigen Sinne des Wortes „gedruckt" werden (oben S. 22). Nach ihrem Zweck bezieht sich die Vorschrift ferner nur auf Druckwerke, die im I n l a n d erscheinen, das heißt vom Inland aus zuerst verbreitet werden (oben S. 32) oder doch gleichzeitig vom Inland und vom Ausland aus (JME. vom 18. Jänner 1923, Z. 30, 240 und vom 1. April 1926, Z. 210, 998). Unter dem „Drucker" ist der Inhaber oder Pächter der Druckerei zu verstehen, nicht auch der Geschäftsführer (oben S. 31).

Auf jeder Nummer einer (im Inland erscheinenden) Zeitung müssen außerdem nach § 16 PreßG. angegeben sein der Name des Herausgebers (oben S. 32), der Name, Beruf und Wohnort des Eigentümers (Zeitungsunternehmers, oben S. 33) und der Name und Wohnort des verantwortlichen Schriftleiters (Redakteurs, oben S. 34). Sind für eine Zeitung mehrere verantwortliche Schriftleiter bestellt, so ist anzugeben, für welchen Teil der Zeitung jeder verantwortlich ist. Es genügt nicht die bloße Angabe der Namen und Wohnorte (etwa in der gesetzlichen Reihenfolge), sondern es muß jedem Namen auch die preßrechtliche Eigenschaft der Person beigefügt sein (Entscheidung des Obersten Gerichtshofes vom 26. Februar 1926, SSt VI 29). Zur Angabe des „Wohnortes" reicht ferner die Benennung der Stadt nicht aus. Es muß auch die Adresse angegeben sein, und zwar die Wohnungsadresse, nicht etwa die Adresse des Redaktionsbüros (Entscheidung des Obersten Gerichtshofes vom 16. April 1923, SSt III 21). Aus der Bestimmung, daß auf jeder Zeitung „der" verantwortliche Schriftleiter angegeben sein muß, in Verbindung mit der Vorschrift des § 19, wonach die Namen und Wohnorte der verantwortlichen Schriftleiter der Sicherheitsbehörde vor Beginn der Herausgabe anzuzeigen sind, folgt, daß jede Zeitung mindestens einen verantwortlichen Schriftleiter mit den ihm vom Gesetz zugedachten Vollmachten (oben S. 34) auch tatsächlich haben muß.

Auf jedem Druckwerk, das ausgehängt oder angeschlagen wird, und auf jedem, dessen Umfang drei Druckbogen nicht übersteigt, m. a. W. auf Plakaten und Flugschriften (oben S. 26) muß, sofern die Druckwerke nicht nur dem Verkehr, dem häuslichen oder geselligen Leben oder gewerblichen Zwecken dienen und nicht bloß Stimmzettel sind oder Angaben über den Wahlvorgang enthalten (oben S. 25), neben dem Namen oder der Firma des Druckers und des Verlegers auch Name und Wohnort einer Person angegeben sein, die für den Inhalt des Druckwerkes verantwortlich ist (oben S. 35). Angabe des Verfassers genügt, wenn er den persönlichen Anforderungen des § 18 PreßG. entspricht.

2. Das Pflichtstück.

Von jedem im Inland erscheinenden oder gedruckten Druckwerk (im engeren Sinn, oben S. 22, 27), dessen Umfang drei Druckbogen nicht übersteigt, und (ohne Rücksicht auf den Umfang) von jeder Nummer einer im Inland erscheinenden oder gedruckten (JME. vom 18. Jänner 1923, Z. 30,240) Zeitung oder Zeitschrift hat der Drucker mit Beginn der Verbreitung je ein Pflichtstück bei dem Staatsanwalt und bei der Sicherheitsbehörde des Erscheinungsortes, wenn aber der Erscheinungsort im Ausland liegt, bei dem Staatsanwalt und der Sicherheitsbehörde des Druckortes (unentgeltlich) abzuliefern. Wird das Werk im Ausland gedruckt, so trifft die Verpflichtung den Verleger und bei Zeitungen den Herausgeber (§ 20, Absatz 1, PreßG.). Kunstdrucke und Tonwerke sind auf Verlangen zurückzustellen, wenn binnen 14 Tagen nach der Ablieferung kein strafrechtliches Verfahren eingeleitet wird (Absatz 3). Das Pflichtstück ist mit Beginn der Verbreitung abzuliefern. „Abgeliefert" ist das Pflichtstück erst mit der Übergabe, nicht schon mit der Absendung des Boten. Es darf also mit der Verbreitung (oben S. 28 ff.) nicht begonnen werden, bevor das Pflichtstück bei dem Staatsanwalt und der Sicherheitsbehörde eingelangt ist.

Nach § 3 des zum Preßgesetz ergangenen Durchführungserlasses des Bundesministeriums für Justiz vom 18. September 1922, JABl. Nr. 49, haben die Staatsanwaltschaften dafür zu sorgen, daß die bei ihnen abzuliefernden Pflichtstücke rechtzeitig übernommen werden. Auf jedem zu übernehmenden Pflichtstück hat der Beamte den Tag und die Stunde des Einlangens, womöglich in Gegenwart des Überbringers anzumerken. Auf Verlangen ist dem Überbringer die Übernahme und deren Zeitpunkt auf einem von ihm beizubringenden Empfangsschein zu bestätigen.

Ausgenommen von der Verpflichtung zur Ablieferung eines Pflichtstückes sind nach dem zweiten Absatz des § 20 die Zeitungskorrespondenzen (oben S. 24) und Druckwerke, die nur dem Verkehr, dem häuslichen oder geselligen Leben oder gewerblichen Zwecken dienen, Stimmzettel und Angaben über den Wahlvorgang (oben S. 25).

3. Die administrativen Verbreitungsverbote.

a) Gegen ausländische Zeitungen.

Ist gegen eine im Ausland erscheinende Zeitung innerhalb eines Jahres zweimal wegen einer durch ihren Inhalt begangenen strafbaren Handlung oder — wenn sie im Inland gedruckt wird — wegen Nichtvorlage der Pflichtexemplare auf Verfall einzelner Nummern erkannt worden, so kann die Bundesregierung (also nicht ein einzelner Minister, sondern nur der Ministerrat) innerhalb zwei Monaten, nachdem das letzte Erkenntnis rechtskräftig geworden ist, die Verbreitung der Zeitung im Inland auf ein Jahr verbieten. Dieses Verbot ist in den amtlichen Landeszeitungen kundzumachen (§ 28 PreßG.). Es erfaßt, da das Gesetz nicht unterscheidet, nicht nur die während der Verbotsfrist erscheinenden Nummern, sondern alle, auch die schon früher erschienenen, und gilt natürlich — trotz dem Beschluß der Nationalversammlung vom 30. Oktober 1918: „Die Erlassung eines Postverbotes gegen Druckschriften findet nicht mehr statt" — auch für die Postverwaltung. Die Evidenz über die Verfallserkenntnisse gegen ausländische Zeitungen führt die Bundespolizeidirektion in Wien. Die Staatsanwaltschaften sind im § 9 des zum Preßgesetz ergangenen Durchführungserlasses vom 18. September 1922, JABl. Nr. 49, angewiesen, solche Verfallserkenntnisse sogleich nach Eintritt der Rechtskraft der Polizeidirektion in Wien mitzuteilen.

b) Die Verbreitungsbeschränkungen nach § 12 PreßG.

Auf Antrag einer Unterrichtsbehörde (nach dem Erlaß des Bundeskanzleramtes vom 4. April 1928, Z. 103,435, sind als Unterrichtsbehörden anzusehen: in Wien die Ortsschulräte und der Stadtschulrat, im Burgenland die Schulstühle, die Bezirkshauptmannschaften und der Landeshauptmann, in den übrigen Bundesländern die Ortsschulräte, die Bezirks-(Stadt-)Schulräte und die Landesschulräte und im ganzen Bundesgebiet überdies das Bundesministerium für Unterricht) oder eines Jugendamtes (nicht auch eines privaten Jugendfürsorgevereines oder Institutes, ausdrücklich ausgesprochen in dem Erlaß des Bundeskanzleramtes vom 23. September 1922, Z. 49,284) kann jede Bundespolizeibehörde und jede politische Behörde erster Instanz für ihren Amtsbereich bestimmte Druckwerke oder Druckwerke bestimmter Art, „die durch Ausnützung der jugendlichen Triebe das sittliche Wohl der Jugend gefährden", von jeder Verbreitung an Personen unter 18 Jahren ausschließen und (bei Zeitungen und Zeitschriften) ihren Vertrieb durch Straßenverkauf oder Zeitungsverschleißer überhaupt untersagen (§ 12, Absatz 1, PreßG.). Die Anordnung ist im Amtsblatt kundzumachen und der antragstellenden Behörde, sowie dem Verleger oder (bei Zeitungen) dem Herausgeber des Druckwerkes mitzuteilen. Gegen die Anordnung, nicht auch gegen die Verweigerung der Anordnung kann jeder „Beteiligte" binnen 14 Tagen die Berufung an den Landeshauptmann ergreifen (Absatz 2). Als beteiligt im Sinne dieser Bestimmung (anders § 8 AVG.) ist jeder anzusehen, der ein rechtliches Interesse an der ungehinderten Verbreitung des Druckwerkes hat. Die Berufung hat seit dem Bundesgesetz vom 21. Juli 1925, BGBl.

Nr. 274, über das allgemeine Verwaltungsverfahren (§ 64), anders als nach der dadurch aufgehobenen Bestimmung des Preßgesetzes, aufschiebende Wirkung. Doch kann die Behörde die aufschiebende Wirkung ausschließen, wenn die vorzeitige Vollstreckung im Interesse des öffentlichen Wohles wegen Gefahr im Verzuge dringend geboten ist.

Das Verbot kann sich auf schon erschienene individuell bestimmte Druckwerke und auf noch nicht erschienene, nur ihrer Art nach zu charakterisierende Druckwerke beziehen, zum Beispiel auf die noch nicht erschienenen Romane einer Romanserie oder die noch nicht erschienenen Nummern einer bestimmten Zeitung („Druckwerke bestimmter Art"). Die Verbreitung noch nicht erschienener Druckwerke kann nur für höchstens drei Monate verboten werden. Doch kann das Verbot nach Ablauf der Frist, wenn die inzwischen erschienenen Nummern dazu Anlaß geben, erneuert, auch können die mittlerweile erschienenen Werke nunmehr als „bestimmte Druckwerke" dauernd verboten werden (Erlaß des Bundeskanzleramtes vom 23. September 1922, Z. 49,284). Als Druckwerke, „die durch Ausnützung der jugendlichen Triebe das sittliche Wohl der Jugend gefährden", sind nicht nur in geschlechtlicher Beziehung anstößige Werke zu verstehen, sondern Werke aller Art, die durch Irreleitung der Phantasie oder des Gefühlslebens die Jugend in moralischer Beziehung gefährden, also zum Beispiel auch Detektiv- oder Abenteurerromane u. dgl. Aus Gründen jedoch, „die in dem politischen, dem religiösen oder dem sozialen Inhalt eines Druckwerkes liegen", darf ein solches Verbot nicht erlassen werden.

Die Übertretung eines solchen Verbreitungsverbotes wird nach § 13 PreßG. von der Sicherheitsbehörde mit Geldstrafe bis zu 200 S oder mit Arrest bis zu 14 Tagen bestraft. Auch können die Stücke des Druckwerkes, womit die strafbare Handlung begangen worden ist oder werden sollte, erforderlichenfalls im objektiven Verfahren, für verfallen erklärt werden.

Die Beschränkung der Geltung des Verbotes auf den Sprengel einer Bundespolizeidirektion oder politischen Bezirksbehörde erster Instanz, das Antragserfordernis und der Mangel einer einheitlichen Einstellung bei den verschiedenen Behörden zweiter Instanz lassen den Wert dieser Bestimmung als recht fraglich erscheinen. Tatsächlich hat sie das Emporblühen und die immer größere Verbreitung einer bedenkenlos auf die

Lüsternheit spekulierenden „Literatur" nicht zu verhindern vermocht. Die Strafgesetznovelle vom 20. Dezember 1929, BGBl. Nr. 440, hat ihr deshalb eine neue praktikablere Vorschrift an die Seite gestellt[1]). Deren Erörterung fällt, da sie nicht auf Druckwerke beschränkt ist, nicht in den Rahmen dieser Darstellung.

V. Kapitel.

Das Preßjustizrecht.

Das Preßjustizrecht ist das von den Gerichten (mit Ausschluß der sogenannten Gerichtshöfe des öffentlichen Rechtes: des Verfassungs- und des Verwaltungsgerichtshofes) anzuwendende, für Druckwerke als Gedankenträger geltende Sonderrecht. Es ist fast ausschließlich Strafrecht. Auch die andern Rechtsgebieten angehörigen Bestimmungen des Preßjustizrechtes (§ 27 PreßG. und die Normen über den Berichtigungsanspruch) sind in strafrechtliche Vorschriften eingebettet und werden am besten im Zusammenhang mit diesen behandelt. Danach genügen zur Darstellung des Preßjustizrechtes zwei Hauptabschnitte, von denen der erste das materielle Preßstrafrecht, genauer: die Sonderbestimmungen über die Preßdelikte, der andere die Sonderbestimmungen über das Strafverfahren in Preßsachen behandeln soll. Anhangsweise werden in diesem Kapitel endlich noch die Bestimmungen gegen die Preßkorruption dargestellt werden. Die hieher gehörigen Delikte sind nicht Preßdelikte im technischen Sinn und unterliegen nicht den für diese geltenden Sondervorschriften. Aber es handelt sich doch um Normenkomplexe, die mit der Funktion der Presse als Verbreiterin von Gedanken in inniger Beziehung stehen und deren Handhabung den Gerichten übertragen ist. Sie gehören daher in das Preßjustizrecht.

A. Das materielle Preßstrafrecht.

I. Allgemeines.

a) Einteilung der Preßdelikte.

Unter materiellem Preßstrafrecht versteht man die materiellrechtlichen Sonderbestimmungen für die Bestrafung der Preßdelikte. Sie bestehen teils in der Normierung besonderer, dem Preßrecht eigentümlicher strafbarer Tatbestände mit selbstän-

---

[1]) Artikel VI. Wortlaut siehe Seite 146.

digen Strafdrohungen, teils in Sonderregeln anderer Art, die zur Anwendung zu kommen haben, wenn eine nach dem allgemeinen Strafrecht strafbare Handlung durch den Inhalt eines Druckwerkes begangen und dadurch zum Preßdelikt wird. Alle Preßdelikte haben also das gemeinsame Merkmal, daß sie durch oder bei Herstellung oder Verbreitung von Druckwerken begangen werden. Aber nicht jede gerichtlich strafbare Handlung, die auf diese Weise begangen wird, ist deshalb allein schon ein Preßdelikt. So können falsche Banknoten mit Hilfe einer Druckerpresse hergestellt und die unbefugte Herausgabe eines literarischen, Bild- oder Tonwerkes kann durch Herstellung und Verbreitung von Druckwerken begangen werden. Gleichwohl ist die Banknotenfälschung niemals ein Preßdelikt und Eingriffe in das Urheberrecht gehören ebensowenig zu den Preßdelikten wie das Urheberrecht zum Preßrecht gehört (oben S. 1 ff., vgl. die Entscheidung des Obersten Gerichtshofes vom 30. November 1923, SSt III 91).

Eine besondere Gruppe unter den Preßdelikten bilden die sogenannten Preßinhaltsdelikte. Das Gesetz enthält eine Reihe von Vorschriften, die nur (oder auch) für sie gelten (§ 5 [Abs. 2], 29, 30, 32, 36, 37 [Abs. 1, Z. 2], 38, 39, 41 [Abs. 1], 42 [Abs. 1 und 4], 43 [Abs. 1 und 2], 45 und 49). Es bezeichnet sie bald als „strafbare Handlungen, die durch den Inhalt eines Druckwerkes" (oder kürzer: „durch ein Druckwerk") „begangen werden", bald als „Handlungen, deren Strafbarkeit durch den Inhalt eines Druckwerkes begründet wird", bald spricht es davon, daß ein Druckwerk einen „strafbaren Inhalt" habe oder, daß eine bestimmte Stelle des Druckwerkes „den strafbaren Inhalt ergebe" oder „eine strafbare Handlung begründe". Aus allen diesen Wendungen ist aber keine sichere Umgrenzung des Begriffes zu gewinnen. Gleichwohl ist eine solche genaue Abgrenzung unerläßlich, weil gewisse, sehr einschneidende Bestimmungen des Preßgesetzes, so z. B. die über die Haftung des verantwortlichen Schriftleiters und der anderen preßrechtlich verantwortlichen Personen wegen Vernachlässigung der pflichtmäßigen Sorgfalt oder die Bestimmungen über das objektive Verfallsverfahren, nur auf Preßinhaltsdelikte anwendbar sind. Zweifel ergeben sich auf der einen Seite bei der Abgrenzung der Preßinhaltsdelikte von den durch das Mittel der Druckerpresse begangenen Delikten, die überhaupt nicht Preßdelikte sind, auf der anderen Seite bei der Abgrenzung gegenüber den sogenannten Preßordnungsdelikten, die in der Übertretung bestimmter, der Überwachung dienender Ordnungsvorschriften bestehen. Ist z. B. eine Erpressung, die durch einen mit Enthüllungen drohenden Zeitungsartikel begangen wird, oder ist die falsche Angabe des Druckers oder Verlegers auf der Druckschrift „eine durch den Inhalt eines Druckwerkes begangene strafbare Handlung"? Die Antwort kann nur durch Besinnung auf den Zweck der für Preßinhaltsdelikte geltenden Sondervorschriften gewonnen werden. Warum begnügt sich das Gesetz bei diesen Delikten nicht mit der in den allgemeinen strafrechtlichen Bestimmungen begründeten Verantwortlichkeit des Verfassers, Anstifters und Gehilfen? Warum legt es bestimmten, an der Herstellung der Druckschrift beteiligten Personen eine besondere Prüfungs- und Überwachungspflicht auf, deren Erfüllung es durch Strafdrohungen zu erzwingen sucht? Warum läßt es neben der Verfolgung der schuldigen Personen ein selbständiges Verfallsverfahren gegen das Druckwerk selbst zu? Doch offenbar nur, weil ihm die durch den Inhalt eines Druckwerkes begangenen strafbaren Handlungen gefährlicher scheinen, als die nicht auf diese Weise begangenen; und diese besondere Gefährlichkeit kann wieder nur in der durch die Vervielfältigung ermöglichten Massenwirkung begründet sein. Für strafbare Handlungen ohne mögliche Massenwirkung bedarf es keiner Erhöhung des Schutzes. Ein Erpresser, der lediglich eine oder mehrere bestimmte Personen in einem Zeitungsartikel bedroht, ist nicht gefährlicher und strafwürdiger als ein Erpresser, der das in einem Brief tut. Aus der ratio des Gesetzes ergibt sich daher, daß als Preßinhaltsdelikte nur solche angesehen werden können, die durch eine nicht an eine individuelle Adresse, sondern an die gesamte Öffentlichkeit oder doch einen größeren Leserkreis gerichtete Gedankenäußerung begangen werden und bei denen die Ausführungshandlung (nicht notwendig auch schon die Vollendung) bereits in der Veröffentlichung der Äußerung und nicht etwa erst darin besteht, daß das Druckwerk einer oder mehreren bestimmten Personen zur Kenntnis gebracht oder auf eine ganz bestimmte besondere Art verbreitet wird. Nur bei diesen ist in Wahrheit die strafbare Handlung schon „durch den Inhalt", i. e. durch das bloße Erscheinen des Druckwerkes „begangen" und nicht erst durch eine mit dem erschienenen Druckwerk vorgenommene weitere Handlung, insbesondere durch eine mit dem bloßen Erscheinenlassen nicht identische, wenn auch vielleicht im einzelnen Fall damit verbundene Mitteilung an eine bestimmte Person. Eine an einer bestimmten Person durch einen ihr zugesandten oder sonst in die Hände gespielten Zeitungsartikel begangene Erpressung ist daher keine „durch den Inhalt eines Druckwerkes begangene strafbare Handlung" und ebensowenig die falsche Angabe des Druckers oder Verlegers auf der Druckschrift. Denn diese Angabe ist, wie sich aus der Geschichte[1]) und dem Zweck der Vorschriften über das Ursprungserzeugnis ergibt, nicht so sehr für das Publikum, als für die Behörde bestimmt, der die Verfolgung der Schuldigen erleichtert werden soll.

Als Preßinhaltsdelikte können also nur solche Delikte begangen werden, die nach ihrem Tatbestand in einer an die Öffentlichkeit oder doch einen größeren Personenkreis gerichteten Gedankenäußerung bestehen können, die keine individuelle Richtung haben müssen. Im wesentlichen sind das folgende Gruppen:

1. Die strafbaren Handlungen, die in der öffentlichen Aufforderung zu rechts- oder sittenwidrigem Verhalten oder in der Erschütterung der Achtung vor Recht und Sitte bestehen (§ 58, lit. b, d, 59, lit. c, 65, 66, 80, 122, 287, 293, 295, 297, 300, 302, 304, 305, 310, 516, 562 StG., Art. I bis IV des Gesetzes vom 17. Dezember 1862, RGBl. Nr. 8 vom Jahre 1863, § 8 SprengstoffG. und Art. VII der Strafgesetznovelle vom 20. Dezember 1929, BGBl. Nr. 440);

2. gewisse andere, die Allgemeinheit bedrohende oder die öffentliche Ruhe und Ordnung störende Handlungen, die nach ihrem Tatbestand durch Gedankenäußerung begangen werden oder doch begangen werden können (§ 87, 335, 431, 92, 99 [in der Begehungsform des Landzwanges], 308, 309 StG., Art. VIII des Gesetzes vom 17. Dezember 1862, RGBl. Nr. 8 vom Jahre 1863, die als Preßdelikte begehbaren Übertretungen des Vereins- und Versammlungsgesetzes, § 3 KoalitionsG.,

[1]) Das Ursprungszeugnis wurde zuerst im Augsburger Reichsabschied vorgeschrieben und sollte die Überwachung der Druckereien ermöglichen: „Und nachdem durch die unordentliche Truckerey bis anhero viel Uebels entstanden, setzen, ordnen und wollen Wir, daß . . . hinfürter nichts Neues . . . gedruckt oder feilgehabt werde, es sei dann . . . des Truckers Nahmen und Zunahmen, auch die Stadt, darinn solches getruckt, mit nähmlichen Worten darinn gesetzt."

§ 4, Abs. 1, und § 5 des Gesetzes vom 5. April 1930, BGBl. Nr. 113, zum Schutz der Arbeits- und Versammlungsfreiheit, § 2 des Gesetzes über den Betrieb von Auswanderungsgeschäften, § 89 des Gesetzes über die Erwerbs- und Wirtschaftsgenossenschaften, § 123 des Gesetzes über die Gesellschaften mit beschränkter Haftung, § 41 des Gesetzes vom 9. Juli 1919, StGBl. Nr. 389, über gemeinwirtschaftliche Unternehmungen, § 19 des Gesetzes über den Getreideterminhandel, § 13 des Preistreibereigesetzes, § 4 UnlWettbG.);

3. strafbare Handlungen, die in dem Verrat von Staats- oder Privatgeheimnissen bestehen oder bestehen können (§ 58, 67, 102, lit. c, 309, erster Satz, 498, 499, 649 StG., Art. VII und IX des Gesetzes vom 17. Dezember 1862, RGBl. Nr. 8 vom Jahre 1863, § 24 des Gesetzes über die Gewerbeinspektoren, § 246 PersonalsteuerG., § 8 des Gesetzes vom 14. März 1919, StGBl. Nr. 181, über die Vorbereitung der Sozialisierung, § 11, 12, UnlWettbG. und ähnliche); und

4. strafbare Angriffe auf die Ehre oder den Kredit von Einzelpersonen, Behörden oder Körperschaften (§ 209, 303, 487 bis 489, 491, 496, 497 StG., Art. V der Strafgesetznovelle vom Jahre 1929, das Vergehen nach dem zweiten Absatz des § 246 PersonalsteuerG., § 8 UnlWettbG.).

Unrichtig ist die vielfach vertretene Meinung, daß ein Preßinhaltsdelikt nur vorliege, wenn der Tatbestand der strafbaren Handlung in dem Inhalt des Druckwerkes nach allen seinen Merkmalen zur Darstellung gelangt. Nach dieser Anschauung könnte zum Beispiel das Delikt der Verbreitung falscher beunruhigender Gerüchte oder Vorhersagungen (§ 308 StG.) nicht durch den Inhalt eines Druckwerkes begangen werden, weil das Tatbestandsmerkmal der Falschheit des Gerüchtes niemals in dem Inhalt des Druckwerkes „zur Darstellung gelangt", sondern immer erst durch Vergleichung der Nachricht mit den Tatsachen festgestellt werden kann. Sonst würde ja das falsche Gerücht durch das Druckwerk nicht verbreitet, sondern dementiert werden. Gleichwohl spricht § 310 des Strafgesetzes ausdrücklich von dem Fall, daß „die im § 308 genannten Handlungen durch Druckschriften begangen werden".

Im Gegensatz zu den Preßinhaltsdelikten, die in der Hauptsache nicht Delikte eigener Art, sondern nur auf besondere Weise begangene Delikte des allgemeinen Strafrechtes sind, pflegt man alle andern Preßdelikte als Preßordnungsdelikte zu bezeichnen. In das Preßjustizrecht gehört nur die Darstellung der gerichtlich strafbaren Preßordnungsdelikte. Es sind das die Übertretungen nach den §§ 17, 19, 22, 24, 25, 26, 28, 30, 39 und 43, Absatz 1, des Preßgesetzes. Sie sind in Wahrheit Sonderdelikte und im Preßgesetz zur Gänze geregelt, insbesondere sind auch die Tatbestände und Strafdrohungen im Preßgesetz enthalten.

Vor der Darstellung der Preßordnungsdelikte und der besonderen Rechtsregeln für die Preßinhaltsdelikte sollen die für beide Gruppen geltenden Bestimmungen des Preßgesetzes besprochen werden. Es sind das die Bestimmungen über die Haftung für Geldstrafen und die Kosten des Strafverfahrens (§ 5, Abs. 2, PreßG.) und der bei allen Inhaltsdelikten und einigen Ordnungsdelikten neben die Strafe tretende „Verfall des Druckwerkes".

b) Die Haftung für Geldstrafen und Kosten.

Nach dem zweiten Absatz des § 5 PreßG. haften für Geldstrafen, die wegen Übertretung der Ordnungsvorschriften oder wegen einer durch den Inhalt einer Zeitung (§ 2, Abs. 2) begangenen strafbaren Handlung verhängt werden, und für die Kosten des Strafverfahrens der Herausgeber und der Eigentümer (Zeitungsunternehmer) zur ungeteilten Hand mit dem Verurteilten. Wenn nach der Fällung des Urteils, womit die Haftung ausgesprochen wird, in der Person des Eigentümers ein Wechsel eintritt, haftet der neue Eigentümer zur ungeteilten Hand mit dem früheren. Für die gegen den Herausgeber verhängten Geldstrafen und für die Kosten eines gegen ihn durchgeführten Strafverfahrens haftet auch der Eigentümer.

Die Haftung des Zeitungsherausgebers und -unternehmers hat sich historisch aus der Kaution entwickelt, die bei Aufhebung der Zensur für politische Tageszeitungen eingeführt worden war. Nach § 13 des Preßgesetzes vom 17. Dezember 1862 hatte der Herausgeber jeder periodischen Druckschrift, die öfter als zweimal im Monat erschien, und, sei es auch nur nebenher, die politische Tagesgeschichte behandelte oder politische, religiöse oder soziale Tagesfragen besprach, eine Kaution zu erlegen. Sie haftete für alle aus Anlaß der Herausgabe der periodischen Druckschrift infolge Strafurteiles zu bezahlenden Geldstrafen und Kosten des Strafverfahrens, und zwar auch dann, wenn der Erleger der Kaution für seine Person nicht strafbar befunden wurde. Durch eine Novelle vom Jahre 1894 wurde die Kautionspflicht aufgehoben und zum Ersatz dafür bestimmt, daß dann, wenn eine Geldstrafe oder die Kosten des Verfahrens nicht binnen 8 Tagen nach dem Eintritt der Rechtskraft des Urteils bezahlt würden, das Erscheinen der Zeitung durch die Sicherheitsbehörde für so lange eingestellt werden solle, bis die Zahlung ausgewiesen wird. Dieser indirekte Zwang nun wurde durch das neue Preßgesetz in einen unmittelbaren verwandelt, indem dem Herausgeber und dem Zeitungsunternehmer einfach die Haftung für die aus Anlaß der Herausgabe der Zeitung ausgesprochenen Geldstrafen und zuerkannten Kosten auferlegt wurde.

Die Haftung verfolgt denselben Zweck wie die Strafe: sie soll künftigen Rechtsverletzungen vorbeugen; aber nicht durch unmittelbare Einwirkung auf den Schuldigen, sondern durch Einwirkung auf Personen, von denen er abhängt oder denen doch kraft ihrer Stellung im Unternehmen die Möglichkeit gegeben ist, künftige Rechtsverletzungen zu verhüten. Diese Personen sollen zur schärferen Überwachung der Redakteure angespornt und verhindert werden, sich durch Bestellung vermögensloser Schein- oder Sitzredakteure jeder Verantwortung zu entziehen.

Aber die Haftung ist keine Strafe (Entscheidung des Obersten Gerichtshofes vom 5. September 1927, SSt VII 69). Sie trifft auch juristische Personen. Sie trifft auch den völlig Schuldlosen. Ihre Geltendmachung ist kein Akt der Strafverfolgung, wenn sie gleich im Strafprozeß geschieht. Der Haftende hat keine Arreststrafe zu verbüßen, wenn er zahlungsunfähig ist. Ein Erkenntnis, mit dem seine Haftung ausgesprochen wird, zieht keinerlei Bescholtenheitswirkung nach sich. Die Haftung kann daher auch gegen Herausgeber und Zeitungsunternehmer geltend gemacht werden, die nach den Art. 57, 58, 63 oder 96 B-VG. Immunität genießen. Anderseits tilgt die Zahlung durch den Haftenden den Strafanspruch. Der Verurteilte selbst braucht in diesem Fall weder die Geldstrafe zu zahlen noch die Ersatzfreiheitsstrafe zu verbüßen. Es ist dem Gericht nicht etwa freigestellt, ob es die Haftung geltend machen oder die Ersatzfreiheitsstrafe vollziehen will. Diese darf nur bei Uneinbringlichkeit der Geldstrafe vollzogen werden, und uneinbringlich ist die Geldstrafe erst dann, wenn sie auch beim Haftenden nicht hereingebracht werden kann.

In der Haftung des Herausgebers und Unternehmers liegt eine Annäherung an den Gedanken der sachlichen Haftung. Doch darf sie (trotz der seltsamen Ausführungen im Ausschußbericht zu § 5, Absatz 2)[1]) nicht so verstanden werden, als wäre damit das Prinzip der persönlichen Verantwortlichkeit aufgegeben, als käme es der Rechtsordnung nur noch darauf an, daß durch die verhängte Geldstrafe irgend jemand leide, nicht mehr darauf, daß der Schuldige leide. Die ganze Einrichtung läßt sich vielmehr nur rechtfertigen, wenn man ihr die Vorstellung zugrunde legt, daß sich der Herausgeber oder Eigentümer an dem Schuldigen schadlos halten werde. An seinem Regreßrecht kann, wenn er wirklich schuldlos ist, nicht gezweifelt werden (§ 1295 ABGB.).

Keineswegs können etwa die Redakteure einer Zeitung aus § 5 PreßG. den Anspruch ableiten, daß alle gegen sie verhängten Geldstrafen der Herausgeber oder Eigentümer zahle. Eine Vereinbarung, durch die der Herausgeber oder Eigentümer eine solche Verpflichtung übernähme, wäre ungültig, weil sie die in der Strafdrohung gelegene und vom Gesetz beabsichtigte Hemmung beseitigen würde. Das Strafgesetz will, wie sich aus der Strafdrohung des § 310 gegen die Veranstaltung öffentlicher Sammlungen zur Deckung von Geldstrafen ergibt, daß der Verurteilte die Strafe selbst zahle. Der Text des Preßgesetzes gibt keinen Anhaltspunkt für die Annahme, daß es diesen Standpunkt durch die Bestimmungen über die Haftung dritter Personen für die Geldstrafe hätte aufgeben wollen.

---

[1]) „Der zweite Absatz", heißt es dort, „erfüllt die berechtigte Forderung, daß vor allem die Besitzer der Zeitungen, die es doch sind, denen gemeinhin der Ertrag zufällt und von denen wirklich die Führung der Zeitung in nicht geringem Maße abhängt, die materiellen Lasten, die der Zeitung erwachsen, zu tragen haben. Unterstützt wird diese Forderung durch die Erwägung, daß die strafbare Handlung, obgleich das Gesetz nur bestimmte Menschen zur Verantwortung ziehen kann, in Wahrheit von der Zeitung begangen wird, aus ihrer besonderen Art und Führung erfließt und beeinflußt wird". Dagegen ist u. a. zu bemerken, daß das Gesetz die Haftung keineswegs auf solche Fälle beschränkt, wo die strafbare Handlung „aus der besonderen Art und Führung der Zeitung erfließt", und daß Herausgeber und Unternehmer sogar auch dann haften, wenn sich der verantwortliche Redakteur nur zu dem Zweck, um sie zu schädigen, eine mit Geldstrafe bedrohte Übertretung zuschulden kommen läßt.

Für die Geldstrafe und die Kosten haftet, wer zur Zeit des Urteils Herausgeber oder Unternehmer ist, und wenn nach dem Urteil ein Wechsel in der Person des Unternehmers eingetreten ist, auch der neue Unternehmer. Sie gilt für alle Preßinhaltsdelikte und für „Übertretungen der Ordnungsvorschriften". Als solche sind die nach dem dritten Abschnitt des Preßgesetzes strafbaren Handlungen und die Übertretungen der §§ 30 und 39 PreßG. anzusehen, nicht auch die nach dem zweiten Abschnitt strafbaren Übertretungen der gewerberechtlichen und verwandten Vorschriften. Die Haftung erlischt mit dem Erlöschen des Strafanspruches, also auch mit dem Tode des Verurteilten vor eingetretener Rechtskraft (§ 389, Abs. 3, StPO.) und in Beziehung auf die Geldstrafe auch durch seine Begnadigung oder im Fall einer bedingten Verurteilung durch Bewährung. Dagegen erlischt die im Urteil ausgesprochene Haftung nicht durch den Tod des Haftenden, ohne Unterschied, ob er vor oder nach Rechtskraft des Urteiles stirbt. Sie geht vielmehr auf seine Erben über. Die Bestimmungen des § 548 ABGB. und der Ministerialverordnung vom 3. April 1859, RGBl. Nr. 52, wonach Geldstrafen, wozu der Verstorbene noch nicht rechtskräftig verurteilt war, nicht auf die Erben übergehen, sind auf die Verbindlichkeit des Herausgebers und Eigentümers nicht anwendbar, weil diese Verbindlichkeit keinen Strafcharakter hat.

Über die Geltendmachung der Haftung im Prozeß wird im Abschnitt über das Verfahren gehandelt werden.

Eine ähnliche Haftung, wie sie § 5 dem Herausgeber und dem Unternehmer einer Zeitung auferlegt, trifft nach § 4 den Inhaber einer Druckerei für die gegen seinen Geschäftsführer oder Pächter verhängten Geldstrafen und die ihnen auferlegten Kosten des Strafverfahrens. Sie ist aber auf Delikte beschränkt, die im Preßgesetz selbst mit Strafe bedroht sind, gilt also nicht für Inhaltsdelikte (arg. v. „Verantwortung nach d i e s e m Gesetz"). Für die Übertretungen der Gewerbeordnung gilt die dem Inhaber günstigere Vorschrift des § 137 der Gewerbeordnung[1]).

---

[1]) Sie lautet: „Wird ein Gewerbe durch einen Stellvertreter oder Pächter betrieben, so sind die Geld- und Arreststrafen gegen den Stellvertreter oder Pächter zu verhängen. Der Gewerbeinhaber ist neben dem Stellvertreter strafbar, wenn die Übertretung mit seinem Vorwissen begangen ist oder wenn er bei der nach den Verhältnissen möglichen eigenen Beaufsichtigung des Betriebes oder bei der Aus-

c) Der Verfall des Druckwerkes und die Unbrauchbarmachung der Platten und Formen.

Der Verfall von Gegenständen, mit denen eine strafbare Handlung begangen worden ist oder die zur Begehung einer strafbaren Handlung bestimmt sind, ist keine spezifisch preßrechtliche Einrichtung. Aber es gelten doch für den Verfall von Druckwerken verschiedene Sonderregeln, namentlich in Beziehung auf die den Verfall vorbereitende und sicherstellende Beschlagnahme, von der in dem Abschnitt über das Verfahren zu sprechen sein wird.

Der Verfall von Druckwerken kommt im Preßgesetz in zwei verschiedenen Gestalten vor: als Verfall einzelner Stücke und als Verfall der ganzen Auflage eines Druckwerkes. Von jenem ist die Rede in den §§ 13 und 28 des Preßgesetzes. Nach § 13 können die Stücke des Druckwerkes, „auf die sich" eine Übertretung der §§ 7, 9, 10 oder einer auf Grund des § 11 oder § 12 des Preßgesetzes erlassenen Anordnung „bezieht", also z. B. die auf der Straße feilgehaltenen Exemplare eines Buches oder die bei Zeitungsverschleißern vorrätigen Stücke einer auf Grund des § 12 in der Verbreitung beschränkten Zeitung, für verfallen erklärt werden, nach § 28 die zur Verbreitung im Inland bestimmten Stücke einer ausländischen Zeitung (nicht auch die bloß transitierenden). Für diesen Verfall einzelner Stücke gilt nichts Besonderes. Er kommt in ähnlicher Gestalt auch in Artikel VI der Strafgesetznovelle vom Jahre 1929 vor[1]). Die strafbare Handlung besteht in allen diesen Fällen nicht in dem Erscheinenlassen des Druckwerkes, sondern in bestimmten, dem straflosen Erscheinenlassen nachfolgenden Verbreitungsakten. Es wird hier die strafbare Handlung nicht „durch das Druckwerk", sondern nur mit einzelnen Stücken des Druckwerkes begangen.

Etwas anderes meint das Preßgesetz, wenn es vom Verfall „des Druckwerkes" spricht. Nach § 41 kann bei Verurteilung einer Person wegen Übertretung des § 15, 16 oder 20 PreßG.,

wahl oder der Beaufsichtigung des Stellvertreters es an der erforderlichen Sorgfalt hat fehlen lassen. Wenn nach dem Gesetze die Entziehung der Gewerbeberechtigung einzutreten hätte, so findet diese nur dann statt, wenn die Übertretung mit dem Vorwissen des Gewerbeinhabers begangen wurde und derselbe in der Lage war, die Übertretung hintanzuhalten . . ."

[1]) Wortlaut siehe Seite 146.

also bei einer Verurteilung wegen Verletzung der Vorschriften über das Ursprungszeugnis oder wegen Nichtablieferung der Pflichtstücke, ferner aber auch bei Verurteilung einer Person wegen was immer für einer durch den Inhalt eines Druckwerkes begangenen strafbaren Handlung auf besonderen Antrag des Anklägers im Urteil auch auf Verfall des Druckwerkes erkannt werden. Nach § 42 kann ein solches Erkenntnis auf Verfall, soweit es sich um Inhaltsdelikte handelt, unter gewissen Voraussetzungen auch ohne Verurteilung einer Person in einem sogenannten objektiven Verfahren geschöpft werden. Dieser Verfall erstreckt sich auf alle zur Verbreitung bestimmten Stücke des Druckwerkes, gleichviel, wem sie gehören und wo sie sich befinden, sofern sie nur der inländischen Gerichtsgewalt erreichbar sind (vgl. die Entscheidungen des Obersten Gerichtshofes vom 5. Dezember 1928, SSt VIII 153, und vom 1. März 1929, SSt IX 21). Daraus und aus der Zulässigkeit des objektiven Verfahrens ergibt sich, daß es sich hier nicht um eine dem Schuldigen zugedachte Strafe, sondern um eine gegen das Druckwerk als solches, also um eine gegen die Sache gerichtete Maßnahme handelt. Der Verfall des Druckwerkes hat offenbar nicht den Zweck, einer Person, die sich einer strafbaren Handlung schuldig gemacht hat, dafür ein Leid zuzufügen und sie dadurch von künftigen strafbaren Handlungen abzuhalten, sondern er soll eine für die Rechtsordnung gefährliche Sache aus dem Verkehr ziehen. Er soll den schädlichen Wirkungen vorbeugen, die bestimmten Rechtsgütern oder der Rechtsordnung überhaupt durch die Weiterverbreitung des Druckwerkes drohen. Er soll z. B. verhindern, daß der gute Ruf der in dem Druckwerk verleumdeten Person noch mehr erschüttert oder daß das in dem Druckwerk verratene Geheimnis allgemein bekannt werde oder daß die in dem Druckwerk enthaltene Aufforderung zu strafbaren Handlungen in weitere Kreise dringe und etwa irgendwo auf fruchtbaren Boden falle usw. Der Verfall des Druckwerkes ist mit anderen Worten keine Strafe, sondern ein Sicherungsmittel, eine sichernde Maßnahme (Entscheidung des Obersten Gerichtshofes vom 15. April 1929, SSt IX 40).

Der Verfall erstreckt sich nur auf die „zur Verbreitung bestimmten Stücke" des Druckwerkes. Es unterliegen ihm also nicht die Stücke, die Verfasser, Verleger, Redakteure usw. zum Privatgebrauch zurückbehalten haben oder die in den Privatbesitz von Einzelpersonen übergegangen und zu deren eigenem

Gebrauch bestimmt sind. Wohl aber unterliegen ihm alle wem immer gehörigen, beim Verfasser, Verleger, Drucker, Herausgeber oder Buchhändler vorrätigen, zum Verkauf oder zur Verteilung bestimmten Stücke, ferner auch solche, die schon in Privatbesitz übergegangen, aber auch jetzt noch zur Verbreitung, wenn auch zur unentgeltlichen oder geheimen Verbreitung bestimmt sind, insbesondere die im Besitz eines Lesevereines oder eines Klubs befindlichen, zur Benützung der einen größeren Personenkreis darstellenden Mitglieder dienenden, ferner die in den öffentlichen Büchereien, Gast- und Kaffeehäusern aufliegenden, dann die von Privatpersonen zu propagandistischen Zwecken angeschafften Exemplare, kurzum alle Exemplare, mit denen etwas geschehen soll, was nach § 3 PreßG. als Verbreitung des Druckwerkes anzusehen ist (vgl. S. 28). Wo sich diese Exemplare befinden, ist gleichgültig. Auch wenn sie gerade zum Einbinden beim Buchbinder oder zur Versendung auf der Eisenbahn oder in Verwahrung der Post sind, werden sie vom Verfall getroffen. Der Verfall erstreckt sich auch auf die Stücke des Druckwerkes, die erst nach dem Verfallserkenntnis die Druckerpresse verlassen, selbst auf unveränderte Neudrucke oder neue Auflagen. Denn auch solche Neudrucke sind nichts anderes als Vervielfältigungen des für verfallen erklärten Druckwerkes.

Bei Inhaltsdelikten kann der Verfall auf Begehren eines Beteiligten „auf den Teil des Druckwerkes beschränkt werden, dessen Inhalt strafbar ist". „Die Abtrennung geschieht auf Kosten des Beteiligten." Hat also von einem mehrbändigen Werk nur ein Band oder von einem aus mehreren Druckbogen bestehenden Band nur ein Druckbogen einen strafbaren Inhalt, so kann die Verfallserklärung auf diesen Band oder diesen Bogen beschränkt werden.

Der Verfall besteht seinem Wesen nach in dem Übergang des Eigentums an der verfallenen Sache vom bisherigen Eigentümer auf den Bund. Das Verfallserkenntnis ist eine Art adjudicatio. Doch gehen nur die schon beschlagnahmten Stücke des Druckwerkes mit der Rechtskraft des Urteiles in das Eigentum des Bundes über, die später in Beschlag genommenen erst in dem Augenblick ihrer Ergreifung. Das Verfallserkenntnis bildet also nur den Titel, zu dem der tatsächliche Besitz hinzutreten muß, damit das Eigentum auf den Bund übergehe.

Das Verfallserkenntnis ist gegen jedermann vollstreckbar,

nicht bloß gegen die an dem Prozeß beteiligten Personen. Exemplare, die erst nach dem Verfallserkenntnis in Privatbesitz übergegangen sind, sind gegen die Wegnahme nicht geschützt. Hat aber ein Privater in gutem Glauben, d. h. also ohne von dem Verfallserkenntnis zu wissen, bei einem Buchhändler ein Exemplar des für verfallen erklärten Druckwerkes gekauft, so wird gegen eine analoge Anwendung der in den §§ 367 und 456 ABGB. zum Schutz des gutgläubigen Erwerbes vom Nichteigentümer aufgestellten Grundsätze nichts einzuwenden sein.

Aus dem Umstand, daß der Verfall nach dem Preßgesetz keine Strafe, sondern eine ausschließlich gegen die Sache gerichtete Maßnahme ist, folgt endlich, daß nur auf den Verfall des Druckwerkes selbst erkannt werden kann, daß also, wenn das Druckwerk selbst nicht greifbar ist, nicht etwa auf Verfall des Erlöses oder eine suppletorische Geldstrafe zu erkennen ist.

Die Unbrauchbarmachung der zur Herstellung des Druckwerkes dienenden Platten und Formen ist nach dem österreichischen Preßgesetz nur in sehr beschränktem Umfang zulässig. Während nach § 41 des deutschen Strafgesetzbuches das Urteil immer dann, wenn der Inhalt einer Schrift, Abbildung oder Darstellung strafbar ist, auszusprechen hat, daß die zur Herstellung bestimmten Platten und Formen unbrauchbar zu machen sind, kann das nach § 41, Abs. 2, des österreichischen Preßgesetzes nur geschehen, wenn der Inhalt des Druckwerkes unzüchtig ist und durch diesen Inhalt „die Sittlichkeit oder Schamhaftigkeit gröblich und auf eine Ärgernis erregende Art verletzt" wird (§ 516 StG.). Überdies ist die Vorschrift seit der Strafgesetznovelle vom Jahre 1929 ihrer Form nach keine Muß-Vorschrift mehr, sondern eine Kann-Vorschrift. Durch diese Änderung sollte jedoch die Entscheidung nicht in das freie Ermessen des Gerichtes gestellt werden. Sie entsprang nur der Erwägung, „daß es Fälle geben kann, in denen es zur Verhinderung der Wiederholung der strafbaren Handlung dieser Maßnahme nicht bedarf". Bedarf es zur Verhütung der Wiederholung der Unbrauchbarmachung der Platten und Formen, dann „kann" sie der Richter nicht bloß anordnen, sondern dann hat er sie anzuordnen.

Unter den Platten und Formen sind nicht bloß die zur Herstellung von Bildern dienenden Metallplatten und die vom Letternsatz abgenommenen Matrizen oder die damit hergestellten Bleiabgüsse zu verstehen, sondern auch der gewöhnliche, aus beweglichen Lettern hergestellte Satz selbst und ebenso auch alle andern in was immer für einem Verfahren zur Herstellung des Druckwerkes verwendeten und aus was immer für einem Material hergestellten Schablonen, Klischees und sonstigen Formen. Die Unbrauchbarmachung geschieht durch Abschleifen, Einschmelzen, Zerlegen des Satzes usw., und zwar jeweils auf die für den Eigentümer schonendste Art. Das Material bleibt, anders als beim Verfall, dem Eigentümer.

II. Die Sonderbestimmungen über das Preßinhaltsdelikt.

a) Allgemeines.

Nach § 29 des Preßgesetzes bestimmt sich die Verantwortlichkeit für Handlungen, deren Strafbarkeit durch den Inhalt eines Druckwerkes begründet wird, nach den allgemeinen Strafgesetzen. Das österreichische Preßgesetz ersetzt nicht etwa, wie das manche ausländische Gesetze und ältere österreichische Gesetze getan haben[1]), die Bestimmungen des Strafgesetzes über Äußerungsdelikte durch eigene, für Äußerungen in Druckwerken geltende Sondervorschriften, sondern enthält nur einige, das allgemeine Strafrecht ergänzende Vorschriften. Auch für die Presse bestimmt nicht das Preßgesetz, sondern das allgemeine Strafrecht, welche Äußerungen verboten und strafbar sind und unter welchen Voraussetzungen und in welchem Umfang sie es sind. Die Erörterung der einzelnen strafbaren Handlungen, die durch den Inhalt von Druckwerken begangen werden können, gehört daher nicht in das Preßrecht, sondern in das allgemeine Strafrecht, und zwar auch die Erörterung derjenigen unter ihnen, die nach dem Tatbestand n u r durch Druckwerke begangen werden können[2]). Umgekehrt gehören in das Preß-

---

[1]) Vgl. Art. II, Satz 1, des Kundmachungspatentes zum Strafgesetzbuch: „Vom 1. September 1852 angefangen hat das gegenwärtige Strafgesetz in Beziehung auf die darin als Verbrechen, Vergehen oder Übertretungen erklärten strafbaren Handlungen auch dann zur Richtschnur zu dienen, wenn dieselben durch Druckschriften begangen werden."

[2]) Deren gibt es im österreichischen Strafrecht nur sehr wenige Es sind die Vergehen nach den Artikeln VII, VIII und IX des Gesetzes vom 17. Dezember 1862, RGBl. Nr. 8 vom Jahre 1863, und die Übertretung nach Artikel V der Strafgesetznovelle vom Jahre 1929. Diese Bestimmungen sind im Anhang abgedruckt.

recht auch die für Preßdelikte geltenden Sonderbestimmungen, die im Strafgesetz enthalten sind.

b) Mitschuld und Versuch.

Nach § 7 des Strafgesetzes sind, wenn ein Verbrechen durch den Inhalt einer Druckschrift begangen worden ist, „der Verfasser, der Übersetzer, der Herausgeber, der Verleger oder Vertriebsbesorger, Buchhändler, Drucker, bei periodischen Druckschriften auch der verantwortliche Redakteur, wie überhaupt alle Personen, die bei der Drucklegung oder Verbreitung der strafbaren Druckschrift mitgewirkt haben, desselben Verbrechens schuldig, wenn die allgemeinen Bestimmungen der §§ 1, 5, 6, 8, 9, 10 und 11 auf sie in Anwendung kommen", das heißt: wenn ihnen erstens (soweit es sich um ein vorsätzliches Delikt handelt) böser Vorsatz zur Last fällt und wenn sie zweitens eine „äußere böse Handlung" unternommen haben, die sich als Ausführungs-, Anstiftungs-, Beihilfe-, Teilnahme-[2]) oder Versuchshandlung darstellt. Die im deutschen Preßrecht viel umstrittene Frage, ob bei Preßinhaltsdelikten der Verfasser als Täter und der Verleger als Gehilfe oder aber, weil der Verfasser an der Ausführungshandlung, dem Erscheinenlassen des Druckwerkes nicht unmittelbar beteiligt ist, der Verleger als Täter und der Verfasser als Anstifter oder Gehilfe anzusehen ist, ist für das österreichische Recht nur von untergeordneter Bedeutung, da es die Mitschuldigen — abgesehen von der Straflosigkeit der versuchten Beihilfe und Teilnahme — grundsätzlich ebenso behandelt wie den Täter und Handlungen, die lediglich als versuchte Beihilfe oder Teilnahme angesehen werden könnten, hier praktisch kaum eine nennenswerte Rolle spielen. Der natürlichen Auffassung entspricht es jedenfalls, den V e r f a s s e r als Täter zu betrachten. Denn er ist es, der aus dem Druckwerk zum Leser spricht, der die Gedanken äußert, deren Äußerung mit Strafe bedroht ist. Anders dürfte die Frage nur zu beantworten sein, wenn nach dem gesetzlichen Tatbestande nicht die Gedankenäußerung, sondern die Veröffentlichung den Kern der strafbaren Handlung bildet, wie zum Beispiel bei dem

[2]) Das Wort „Teilnahme" hat im österreichischen Strafgesetz eine engere Bedeutung als im deutschen und in der dem deutschen Sprachgebrauch folgenden Rechtslehre. Es bezeichnet nur die Zusage von Hilfe nach der Tat und die Verabredung einer Gewinnbeteiligung.

Vergehen nach Art. VII des Gesetzes vom 17. Dezember 1862, RGBl. Nr. 8 vom Jahre 1863.

Da nach österreichischem Strafrecht der Versuch jeder gerichtlich strafbaren Handlung strafbar ist, gibt es auch bei allen Preßinhaltsdelikten einen strafbaren Versuch. Die Strafbarkeit beginnt nach § 10 StG. „für den Verfasser, Übersetzer, Herausgeber, Redakteur und Verleger mit der Übergabe des zu vervielfältigenden Werkes zur Drucklegung, für die übrigen Schuldigen aber mit dem Anfang ihrer Mitwirkung", für den Drucker also wohl in dem Augenblick, wo er mit der Drucklegung beginnt, für die Verbreiter mit der ersten Verbreitungshandlung (§ 3 PreßG.).

c) Deliktseinheit und -mehrheit.

Nach der in den angeführten Bestimmungen ausgedrückten Auffassung des Strafgesetzes bilden alle die Herstellung und Verbreitung eines Druckwerkes bildenden Einzelakte, auch wenn sie von verschiedenen Personen vorgenommen werden, eine Einheit und, wenn der Inhalt des Druckwerkes eine strafbare Handlung begründet, ein einziges Delikt. Das gilt auch von den dem Erscheinen nachfolgenden Verbreitungsakten, weil das Preßdelikt mit dem Erscheinen des Druckwerkes noch nicht beendigt ist, sondern von jedem Mitwirkenden so lange begangen wird, als mit seinem Willen der strafbare Inhalt dem Publikum oder doch einem größeren Personenkreis, dem er bisher unbekannt war, zugänglich bleibt. Preßinhaltsdelikte sind Dauerdelikte. Sie werden so lange begangen, als der Urheber durch das Werk zur Öffentlichkeit oder zu einem größeren Personenkreise spricht, der es noch nicht kennt: nicht nur durch die Veröffentlichung des Werkes, sondern auch noch durch Unterlassung seiner Zurückziehung aus dem Verkehr; ähnlich wie die Freiheitsberaubung nicht nur durch das Einsperren des Gefangenen begangen wird, sondern auch noch durch das Gefangenhalten, i. e. durch die Unterlassung seiner Befreiung.

Mehrere strafbare Handlungen liegen dagegen vor, wenn durch dasselbe Druckwerk der Tatbestand mehrerer Delikte verwirklicht wird. Sind diese mehreren Tatbestände nicht durch eine einzige, sondern durch mehrere, an verschiedenen Stellen des Druckwerkes enthaltene Gedankenäußerungen verwirklicht, so entsteht die schwierige Frage, ob die verschiedenen strafbaren Handlungen in eintätigem oder in mehrtätigem Zusammentreffen begangen worden sind. Für das materielle Recht ist das zwar gleichgültig, weil das österreichische Strafgesetz die Ideal- und die Realkonkurrenz gleich behandelt, in prozessualer Beziehung ist es aber von großer Bedeutung, weil davon die Entscheidung abhängt, ob eine getrennte Verfolgung der verschiedenen Delikte möglich oder nach dem Grundsatz ne bis in idem ausgeschlossen ist und ob das Gericht, wenn der Ankläger Bestrafung des Täters oder Beschlagnahme oder Verfall des Druckwerkes wegen einer durch eine bestimmte Stelle begangenen strafbaren Handlung begehrt, auch wegen eines durch eine andere Stelle begangenen anderen Deliktes verurteilen oder auf Beschlagnahme oder Verfall erkennen kann. Es liegt nahe, darauf abzustellen, ob das ganze Manuskript auf einmal oder in Teilstücken zum Druck gegeben worden ist, und im ersten Falle eintätiges, im zweiten mehrtätiges Zusammentreffen anzunehmen. Man könnte sich dabei darauf berufen, daß nach § 10 StG. die Strafbarkeit des Verfassers, Herausgebers, Redakteurs und Verlegers mit der Übergabe des Werkes zur Drucklegung beginnt. Noch verlockender ist es, eine solche Handlungseinheit beim Verbreiter anzunehmen.

Diese Auffassung führt aber — von den Beweisschwierigkeiten ganz abgesehen — zu höchst verworrenen Konsequenzen, wenn etwa beim Autor mehrtätiges Zusammentreffen, beim Verbreiter dagegen eintätiges Zusammentreffen anzunehmen wäre und über den Verfall im subjektiven Verfahren gegen den Verfasser oder im objektiven Verfahren entschieden werden müßte. Sie würde ferner, folgerichtig zu Ende gedacht, auch dazu nötigen, Handlungseinheit anzunehmen, wenn derselbe Autor mehrere Werke strafbaren Inhaltes gleichzeitig zum Druck gibt oder ein Buchhändler gleichzeitig zwei solche Werke verkauft, so daß der Antrag des Staatsanwaltes, das eine der beiden Werke für verfallen zu erklären, das Gericht berechtigen und verpflichten würde, auch auf Verfall des andern zu erkennen.

Der natürlichen Auffassung und dem praktischen Bedürfnis entspricht es viel mehr, die an verschiedenen Stellen des Werkes ausgesprochenen verschiedenen Gedanken, so wie sie nicht gleichzeitig gedacht und nicht gleichzeitig niedergeschrieben worden sind, auch strafrechtlich nicht als eine einzige Gedankenäußerung aufzufassen, mit andern Worten geschriebene und gedruckte Gedankenäußerungen in dieser Beziehung ebenso zu behandeln wie gesprochene. So wie ein Redner, der nur wegen einer zu Beginn einer mehrstündigen Rede begangenen Gotteslästerung angeklagt ist, nicht wegen einer am Schluß der Rede gefallenen hochverräterischen Äußerung verurteilt werden kann, so kann das Gericht auch bei einem Druckwerk strafbaren Inhaltes nicht eine andere Stelle zum Gegenstand seines Urteils machen als die unter Anklage gestellte.

Ist aber Handlungsmehrheit im subjektiven Verfahren anzunehmen, dann muß an dieser Auffassung auch dort festgehalten werden, wo es sich um das Schicksal des Werkes handelt, also in Beziehung auf Beschlagnahme und Verfall; und weicht man einmal mit Rücksicht auf die Eigenart der Preßinhaltsdelikte als Äußerungsdelikte beim Verfasser von den allgemeinen Regeln ab, dann besteht wohl kein Bedenken dagegen, es auch für die Mitschuldigen und Teilnehmer zu tun und auch bei ihnen Handlungsmehrheit anzunehmen, mag ihre Tätigkeit auch nur in einem einzigen Akt bestehen.

d) Verjährung.

Nach § 32 PreßG. verjährt eine durch den Inhalt eines Druckwerkes begangene strafbare Handlung, „wenn seit der Verbreitung im Inland sechs Monate verstrichen sind und keine strafgerichtliche Verfolgung eingeleitet oder das eingeleitete Verfahren sechs Monate lang nicht fortgesetzt wird". „Die Verjährung ruht, solange und soweit die Verfolgung kraft gesetzlicher Vorschriften nicht eingeleitet oder fortgesetzt werden kann." Diese Vorschrift tritt für alle Preßinhaltsdelikte, die durch Verbreitung im Inland begangen worden sind — also nicht auch für Preßinhaltsdelikte in Werken, die bloß im Ausland verbreitet worden oder die, weil es beim Versuch geblieben ist, überhaupt nicht verbreitet worden sind, — an die Stelle der §§ 227 bis 232 und 531 und 532 des Strafgesetzes. Durch die Sondervorschrift über die Verjährung werden die Preßinhaltsdelikte einerseits begünstigt, anderseits strenger behandelt als die auf andere Weise als durch Druckwerke begangenen strafbaren Handlungen.

Begünstigt sind sie in folgenden Beziehungen:

1. Als Dauerdelikte würden Preßinhaltsdelikte nach den allgemeinen Bestimmungen erst verjährt sein, wenn seit dem Aufhören der Verbreitung die gesetzliche Frist verstrichen ist. Nach § 32 des Preßgesetzes beginnt dagegen die Verjährungs-

frist schon mit dem ersten Verbreitungsakt zu laufen. Die nach Eintritt der Verjährung vorgenommenen Verbreitungsakte sind daher, sofern es sich nur um eine Fortsetzung der ersten Verbreitung und nicht etwa um ein selbständiges Neuerscheinen eines längere Zeit nicht mehr im Verkehr gewesenen Werkes handelt (vgl. § 49 PreßG.), überhaupt straflos.

2. Die Verjährungsfrist beträgt für alle Preßinhaltsdelikte, mögen sie Verbrechen, Vergehen oder Übertretungen sein, sechs Monate, während nach den allgemeinen Vorschriften die Verjährungsfrist (wegen des auf alle Preßinhaltsdelikte gesetzten Verfalles) mindestens ein Jahr betrüge.

3. Während nach den allgemeinen Vorschriften die Verjährung außer vom Zeitablauf auch noch von einer Reihe anderer Bedingungen abhängt (der Täter muß den Schaden gutgemacht haben, er darf von der strafbaren Handlung keinen Nutzen mehr in Händen haben und nicht rückfällig geworden sein, er darf endlich, wenn es sich um ein Verbrechen handelt, nicht in das Ausland geflohen sein), genügt zur Verjährung der Preßinhaltsdelikte der Zeitablauf für sich allein.

Teils eine Milderung, teils eine Verschärfung der allgemeinen Vorschriften liegt in den Bestimmungen über die Unterbrechung. Die Milderung besteht darin, daß dann, wenn innerhalb der Verjährungsfrist ein gerichtliches Verfahren eingeleitet worden ist, nicht erst von der Freisprechung oder Einstellung, sondern schon von jeder auch nur faktischen Unterbrechung des Verfahrens an eine neue Verjährungsfrist zu laufen beginnt. Erschwert aber ist die Verjährung dadurch, daß jeder gegen irgendeine Person gerichtete Verfolgungsakt (mag sich nachträglich selbst ihre Unschuld herausgestellt haben) die Verjährung gegen alle Schuldigen unterbricht.

Eine Verschärfung der allgemeinen Vorschriften liegt endlich auch in der Bestimmung, daß die Verjährung ruht, solange und soweit die Verfolgung kraft gesetzlicher Vorschriften nicht eingeleitet oder fortgesetzt werden kann, zum Beispiel wegen Exterritorialität oder Immunität. Anders als die Unterbrechung wirkt aber dieses Ruhen nur gegen die exterritoriale oder immune Person selbst, nicht gegen ihre Mitschuldigen.

Durch die preßrechtliche Verjährung geht ebenso wie durch die gemeinrechtliche nur der Strafanspruch unter. Es wird nur ein auf Verurteilung einer Person abzielendes Verfahren dadurch ausgeschlossen. Rechtsfolgen, die ohne ein solches Verfahren verwirklicht werden können, werden durch die Verjährung nicht abgewendet. Darum bleibt das im § 43 PreßG. geregelte sogenannte objektive Verfahren, das nicht die Bestrafung irgendeiner Person, sondern bloß ein auf Verfall des Druckwerkes lautendes Erkenntnis bezweckt, auch nach Eintritt der Verjährung zulässig (ebenso für das frühere Recht die Plenarentscheidung vom 11. Juli 1899, Sg. 2372).

e) Die sogenannte preßrechtliche Fahrlässigkeit.

Wie sich schon aus den Ausführungen über die Mitschuld (lit. b) ergibt, ist dem österreichischen Preßrecht der in manchen ausländischen Gesetzen verwirklichte Gedanke der sogenannten Kaskadenhaftung fremd, nach der die an der Herstellung und Verbreitung eines Druckwerkes beteiligten Personen (der Verfasser, der verantwortliche Redakteur, der Verleger, der Drucker usw.) im Gesetz in bestimmter Weise gereiht werden und für den Inhalt eine in der Reihe weiter hinten stehende Person nur verantwortlich gemacht werden kann, wenn die Bestrafung einer vor ihr gereihten unmöglich ist. Es kennt auch keine Schuldvermutung gegen den verantwortlichen Redakteur, sondern folgt dem sogenannten „System der Fahrlässigkeitsstrafe", indem es über die allgemeinen Mitschuldgrundsätze des Strafgesetzes hinaus noch eine besonders geartete Verantwortlichkeit bestimmter an der Herstellung und Verbreitung des Druckwerkes beteiligter Personen festsetzt und diese Personen für den Fall mit Strafe bedroht, daß sie nicht die nötige Sorgfalt und Aufmerksamkeit aufwenden, um das Erscheinen eines Druckwerkes mit strafbarem Inhalt zu verhindern. Nach § 30 des Preßgesetzes ist der verantwortliche Schriftleiter (oben S. 34) einer Zeitung, deren Inhalt eine strafbare Handlung begründet, — wenn er nicht als Täter oder Mitschuldiger strafbar ist — für die Vernachlässigung der Sorgfalt verantwortlich, bei deren pflichtmäßiger Anwendung die Aufnahme des strafbaren Inhaltes unterblieben wäre. Dieselbe Verantwortung trifft Personen, die auf einem Plakat oder einer Flugschrift als für den Inhalt verantwortlich gezeichnet haben (oben S. 35), ferner unter bestimmten, später näher zu besprechenden Voraussetzungen den Verleger (oben S. 32) eines nichtperiodischen Druckwerkes, den Drucker (oben S. 31) und den Verbreiter (oben S. 35). Diese Sonderbestimmungen haben den Zweck, eine Reihe von Privatzensoren in den Dienst der Rechtsordnung zu stellen und dadurch der Gefahr zu begegnen, daß von dem durch die Druckerpresse gebotenen Mittel, unentdeckt strafbare Handlungen zu begehen, allzu reichlich Gebrauch gemacht werde.

Die Verantwortlichkeit aller dieser Personen hängt davon ab, daß der Inhalt des Druckwerkes eine (gerichtlich) strafbare Handlung begründet und daß die verantwortliche Person nicht als Täter oder Mitschuldiger strafbar ist.

Die erste Bedingung ist nicht nur dann erfüllt, wenn alle Voraussetzungen zutreffen, von denen eine Bestrafung des Täters abhängt. Der Täter braucht nicht strafbar zu sein, nur die Handlung muß ihrer Art nach mit Strafe bedroht sein, der Täter mag zurechnungsunfähig gewesen sein oder in einem die Schuld ausschließenden Irrtum gehandelt haben: es genügt, wenn die rechtswidrige Veröffentlichung den objektiven Tatbestand der strafbaren Handlung darstellt (vgl. § 42 PreßG.). Wenn das Gesetz für die Bestrafung des Täters das Vorliegen bestimmter Tatbestandsmerkmale präsumiert — wie bei der üblen Nachrede die Unwahrheit der Beschuldigung —, so gilt diese Präsumtion auch gegen die preßrechtlich verantwortlichen Personen. Gehört zum Tatbestand ein bestimmter Erfolg (wie zum Beispiel nach der Ansicht mancher Autoren zum Tatbestand des § 516 StG. die Erregung eines öffentlichen Ärgernisses), so genügt es, wenn die Verbreitung des Druckwerkes geeignet ist, diesen Erfolg herbeizuführen. Ist die Bestrafung von einer bestimmten, über den Tatbestand hinausreichenden Absicht des Täters abhängig, wie zum Beispiel beim Verrat eines Amtsgeheimnisses von der Schädigungsabsicht (§ 101, 102 c StG.), so hängt die Strafbarkeit der preßrechtlich verantwortlichen Personen zwar nicht davon ab, daß der Täter diese Absicht gehabt hat — denn es kommt nur auf die Verwirklichung des objektiven Tatbestandes an —, wohl aber wird man fordern müssen, daß die Veröffentlichung geeignet ist, einen Schaden zu bewirken.

Die zweite Voraussetzung ist erfüllt, wenn der verantwortlichen Person Täterschaft oder Mitschuld nicht nachgewiesen werden kann. Es ist nicht etwa die Feststellung erforderlich, daß sie nicht Täter oder Mitschuldiger ist.

Die rechtliche Natur dieser besonderen preßrechtlichen Verantwortlichkeit ist bestritten. Manche wollen darin eine Strafdrohung gegen die fahrlässige Begehung aller Delikte erblicken, die nach dem Strafgesetz nur als vorsätzliche strafbar sind. Andere sehen in der Vernachlässigung der pflichtmäßigen Sorgfalt ein fahrlässiges Erfolgsdelikt, bei dem der tatbestandsmäßige Erfolg in dem Erscheinen eines Druckwerkes mit einem irgendwie strafbaren Inhalt besteht. Nach richtiger Auffassung ist das Erscheinen eines Druckwerkes mit strafbarem Inhalt nicht als Tatbestandsmerkmal, sondern als objektive Bedingung der Strafbarkeit anzusehen. Die Vernachlässigung der pflichtmäßigen Sorgfalt ist kein Erfolgs-, sondern ein reines Ungehorsamsdelikt. Die preßrechtlich verantwortliche Person braucht den strafbaren Inhalt weder vorausgesehen zu haben noch imstande gewesen zu sein, ihn vorauszusehen. Es genügt, wenn sie die ihr vom Gesetz auferlegte Pflicht, den Inhalt des Druckwerkes vor der Drucklegung oder Verbreitung zu prüfen, schuldhaft nicht erfüllt hat und diese Pflichtverletzung rein objektiv einen strafbaren Inhalt des Druckwerkes zur Folge hatte. Diese Schuld der verantwortlichen Person ist keine Fahrlässigkeit im technischen Sinn. Der Tatbestand besteht bloß in der Nichterfüllung der Prüfungspflicht, und diesen Tatbestand kann die verantwortliche Person sowohl vorsätzlich als auch fahrlässig verwirklichen. Wenn der verantwortlichen Person aus der Unterlassung überhaupt kein Vorwurf gemacht werden kann, ist sie straflos (§ 30, Abs. 5). Freilich ist die oft gehörte Ausrede, es sei dem verantwortlichen Redakteur gar nicht möglich, den ganzen Inhalt des Blattes zu prüfen, keine Entschuldigung. Denn das Gesetz verlangt gar nicht, daß e i n Redakteur das ganze Blatt beaufsichtige. Es spricht sogar im § 16 ausdrücklich davon, daß für eine Zeitung mehrere verantwortliche Schriftleiter bestellt werden. Die Übernahme einer Verpflichtung, die man nicht erfüllen kann, ist an sich schon eine schuldhafte Handlung und keineswegs ein unabwendbarer Umstand.

Die Pflichtverletzung kann darin bestehen, daß die verantwortliche Person den Inhalt des Druckwerkes überhaupt nicht prüft oder daß sie ihn nicht mit der gehörigen Sorgfalt prüft, so daß ihr der wahre Sinn oder eine bestimmte Beziehung der Äußerung auf einen von der Rechtsordnung geschützten Gegenstand entgeht, oder auch darin, daß sie, wenn es sich um Mitteilungen handelt, die im Falle ihrer U n w a h r h e i t verboten und strafbar sind, unterläßt, die Wahrheit der mitgeteilten Tatsachen zu prüfen. Nur bei der strafbaren wahrheitswidrigen Anpreisung nach § 4 UnlWettbG.[1]) und dem heute wohl obsoleten Vergehen nach § 13 PreistreibereiG.[2]) ist sie nach ausdrücklicher Vorschrift des Gesetzes von dieser Pflicht, die Wahrheit zu prüfen, befreit, wenn die Ankündigungen „als entgeltliche deutlich zu erkennen" (§ 4, Absatz 2, UnlWettbG.) oder „als Ankündigungen äußerlich erkennbar" sind (§ 13 PreistreibereiG.).

---

[1]) Bundesgesetz vom 26. September 1923, BGBl. Nr. 531, gegen den unlauteren Wettbewerb, § 4: „(1) Wer in der Absicht, den Anschein eines besonders günstigen Angebots hervorzurufen, in öffentlichen Bekanntmachungen oder in Mitteilungen, die für einen größeren Kreis von Personen bestimmt sind, über geschäftliche Verhältnisse, insbesondere über die Beschaffenheit, den Ursprung, die Herstellungsart oder die Preisbemessung von Waren oder Leistungen, über die Art des Bezuges oder die Bezugsquelle von Waren, über den Besitz von Auszeichnungen, über den Anlaß oder den Zweck des Verkaufes oder über die Menge der Vorräte wissentlich unwahre und zur Irreführung geeignete Angaben macht, wird vom Gerichte wegen Übertretung mit Arrest von einem bis zu sechs Monaten oder mit Geldstrafe bis zu 2500 S bestraft. Neben der Freiheitsstrafe kann Geldstrafe bis zu 2500 S verhängt werden.

(2) Werden Angaben der im Absatz 1 erwähnten Art als Ankündigungen durch Druckwerke veröffentlicht, so sind die preßrechtlich verantwortlichen Personen nicht verpflichtet, ihre Wahrheit zu prüfen, sofern die Ankündigungen als entgeltliche deutlich zu erkennen sind.

(3) Die Verfolgung findet nur auf Verlangen eines zur Erhebung des Unterlassungsanspruches Berechtigten (§ 14) statt. Zum Verfahren sind die in Preßsachen zuständigen Gerichte berufen . . ."

[2]) Bundesgesetz vom 9. März 1921, BGBl. Nr. 253, über die Bestrafung der Preistreiberei, des Schleichhandels und anderer ausbeuterischer oder die Versorgung der Bevölkerung gefährdender Handlungen, § 13:

(1) a) Wer in einer Druckschrift eine Ankündigung veranlaßt oder veröffentlicht, worin jemand ohne Angabe seines Namens und seiner Wohnung (der Firma und ihrer Niederlassung) Bedarfsgegenstände anbietet oder zum Anbieten solcher Gegenstände auffordert;

b) wer in einer Ankündigung, die in einer Druckschrift veröffentlicht wird und den Kauf, Verkauf oder Tausch von Bedarfsgegenständen oder die Vermittlung solcher Geschäfte zum Inhalt hat, Angaben macht, die geeignet sind, einen Irrtum über die Person oder die geschäftlichen Verhältnisse desjenigen, der die Ware anbietet oder zum Anbieten auffordert, über die Menge der ihm zur

Auch beim Verleger, Drucker und Verbreiter besteht die Vernachlässigung der pflichtmäßigen Sorgfalt in der Nichterfüllung der ihnen auferlegten Pflicht zur Prüfung des Inhaltes. Nur ist diese Pflicht bei ihnen eine bedingte. Der Verleger ist für die Unterlassung der Prüfung nicht verantwortlich, wenn er bei seiner ersten Einvernahme einen Verfasser oder Herausgeber zu nennen und nachzuweisen vermag, der zur Zeit des Erscheinens des Druckwerkes seinen Wohnsitz im Inland hatte; der Drucker nicht, wenn er die Ordnungsvorschriften des Preßgesetzes befolgt, also das Druckwerk wahrheitsgemäß mit dem Ursprungszeugnis versieht und, wenn es nach Art oder Umfang des Druckwerkes erforderlich ist, dem Staatsanwalt und der Sicherheitsbehörde je ein Pflichtstück überreicht; der Verbreiter endlich nicht, wenn er sich bei der Verbreitung in den gesetzlichen Grenzen hält (also nicht etwa ein Buch durch Straßenkolportage verbreiten läßt) und nicht besondere Umstände vorliegen, die geeignet sind, den Verdacht zu erregen, daß das Werk einen strafbaren Inhalt hat (auffälliger, den Gedanken an einen strafbaren Inhalt nahelegender Titel, Fehlen des Ursprungszeugnisses u. dgl.).

Nach all dem ist die Vernachlässigung der pflichtmäßigen Sorgfalt selbst kein Inhalts-, sondern ein Ordnungsdelikt. Sie *bezieht* sich bloß auf Inhaltsdelikte. Sie setzt voraus, daß der Inhalt des Druckwerkes eine strafbare Handlung begründet und daß die verantwortliche Person wegen dieses Inhaltes nicht schon nach den allgemeinen Grundsätzen bestraft werden kann. Aus dieser Abhängigkeit von einem Grunddelikt und der bloßen Ersatzfunktion ergibt sich die Folgerung, daß die preßrechtlich verantwortliche Person wegen Vernachlässigung der pflichtmäßigen Sorgfalt nicht bestraft werden darf, wenn sie auch bei nachgewiesener Täterschaft oder Mitschuld nicht bestraft werden könnte. Ist daher das Inhaltsdelikt nur auf Privatanklage oder auf Antrag oder nur mit Ermächtigung einer bestimmten Person verfolgbar, so wird auch die Vernachlässigung der pflicht-

Verfügung stehenden Vorräte oder andere wichtige Umstände zu erwecken, macht sich eines Vergehens schuldig und wird mit strengem Arrest von einem bis zu sechs Monaten bestraft. Neben der Freiheitsstrafe kann eine Geldstrafe bis zu 25 000 S verhängt werden.

(2) Die preßrechtlich verantwortlichen Personen sind nicht verpflichtet, derlei Ankündigungen, soweit sie als solche äußerlich erkennbar sind, auf ihre Wahrheit zu prüfen."

mäßigen Sorgfalt nur auf Verlangen oder mit Ermächtigung des Verletzten bestraft (§ 30, Absatz 7) und ist das Inhaltsdelikt verjährt, so ist auch der Strafanspruch aus § 30 PreßG. erloschen. Aus dieser Ersatzfunktion folgt ferner, daß eine Verurteilung wegen Vernachlässigung der pflichtmäßigen Sorgfalt in Beziehung auf den Verfall (§ 41) und die Urteilsveröffentlichung (§ 43) die Verurteilung wegen des Inhaltsdeliktes vertritt, sowie daß eine Anklage wegen eines Inhaltsdeliktes zu einer Verurteilung wegen Vernachlässigung der pflichtmäßigen Sorgfalt führen kann und umgekehrt (Entscheidung des Obersten Gerichtshofes vom 5. September 1927, SSt VII 69).

Die Vernachlässigung der pflichtmäßigen Sorgfalt ist eine gerichtlich strafbare Übertretung und wird mit Geldstrafe bis zu 2500 S, wenn aber der Inhalt des Druckwerkes ein Verbrechen begründet, mit Arrest von drei Tagen bis zu drei Monaten bestraft.

Etwas Besonderes gilt für die Vernachlässigung der pflichtmäßigen Sorgfalt dann, wenn der Inhalt des Druckwerkes eine Ehrenbeleidigung nach den §§ 487 bis 494 StG. begründet. Hier ist die verantwortliche Person auf Verlangen des Beleidigten neben der Strafe wegen Vernachlässigung der pflichtmäßigen Sorgfalt auch zu einer an den Beleidigten zu entrichtenden, vom Gericht nach freiem, durch die Würdigung aller Umstände geleiteten Ermessen zu bestimmenden Geldbuße bis zu dem Betrag von 10 000 S zu verurteilen, wenn sie die Wahrheit der in dem Druckwerk enthaltenen Angaben oder entehrende Handlungen des Geschmähten, die die Schmähung begründen sollten, behauptet, diese ihre Behauptung aber nicht bewiesen hat (§ 30, Absatz 6). Diese Buße ist keine Strafe, sondern eine Genugtuung für den Verletzten. Sie kann nur zugesprochen werden, wenn der Angeklagte wegen Vernachlässigung der pflichtmäßigen Sorgfalt verurteilt wird, nicht auch dann, wenn er wegen des Inhaltsdeliktes verurteilt wird. Für die einem verantwortlichen Schriftleiter auferlegte Geldbuße haften der Herausgeber und der Eigentümer (Zeitungsunternehmer), im Falle eines Wechsels in der Person des Eigentümers auch der neue Eigentümer zur ungeteilten Hand mit dem Verurteilten.

Als ein im Preßgesetz selbst mit Strafe bedrohtes Delikt unterliegt die Vernachlässigung der pflichtmäßigen Sorgfalt auch den besonderen Regeln des § 5 über das Zusammentreffen und die Strafbemessung beim Zusammentreffen, die im nächsten Abschnitt darzustellen sein werden.

f) Ausschluß der Rechtswidrigkeit.

Art. 33 des Bundes-Verfassungsgesetzes bestimmt: „Wahrheitsgetreue Berichte über die Verhandlungen in den öffentlichen Sitzungen des Nationalrates und seiner Ausschüsse bleiben von jeder Verantwortung frei". Nach den Art. 37, 39 und 96 gilt diese Bestimmung auch für die öffentlichen Sitzungen des Bundesrates, der Bundesversammlung, der Landtage und ihrer Ausschüsse. Diese in der Verfassung an verschiedenen Stellen verstreuten Vorschriften werden im § 31 des Preßgesetzes zusammengefaßt und wiederholt.

Das Privileg erstreckt sich nicht nur auf die von den Abgeordneten in den Vertretungskörpern gehaltenen Reden und ihre sonstigen dienstlichen Verrichtungen, sondern auf alle Vorgänge, die sich in einer öffentlichen Sitzung ereignen, also auch auf die Reden der Regierungsvertreter, die nicht Abgeordnete sind, auf Rufe von der Galerie und andere Zwischenfälle, kurz auf alles, worüber berichtet werden muß, wenn der Bericht über die Sitzung vollständig und wahrheitsgetreu sein soll. Der Bericht braucht nicht detailliert zu sein. Auch ein abgekürzter Bericht genießt das Privileg, wenn er wahrheitsgetreu ist. Immerhin aber muß es ein „Bericht über die Verhandlung" sein. Er muß also die Verhandlung als Ganzes oder doch den ganzen, einen bestimmten Gegenstand betreffenden Teil der Verhandlung darstellen, soweit nicht etwa früherer Redaktionsschluß oder Mangel an Raum zu einer Aufteilung des Berichtes auf mehrere Nummern nötigt. „Wiedergabe willkürlich tendenziös herausgerissener Teile einer Verhandlung ist nicht Bericht, jedenfalls nicht wahrheitsgetreuer Bericht" (v. Bar, Gesetz und Schuld, I, 260, 261). Dagegen beeinträchtigt es die Wahrheitstreue eines Berichtes nicht, wenn einzelne Teile der Verhandlung ausführlicher, andere in abgekürzter Form mitgeteilt werden, nur darf durch die Kürzungen der Sinn der einzelnen Reden und Vorgänge nicht entstellt, das ganze Bild der Verhandlung nicht durch Auslassungen oder Verstümmelungen gefälscht werden. Als „Berichte" werden endlich nur Mitteilungen angesehen werden können, die nicht schon der Aktualität entbehren. Wer Debatten aus längst vergangenen Zeiten hervorholt und in einer Zeitung abdruckt, von dem kann man nicht sagen, daß er „über Kammerverhandlungen berichte".

Privilegiert sind nur die Berichte über öffentliche Sitzungen und nur die Berichte über öffentliche Sitzungen der im Gesetz aufgezählten Körperschaften und Ausschüsse, nicht etwa auch die Berichte über öffentliche Verhandlungen einer Gemeindevertretung.

Das Privileg erstreckt sich nicht nur auf gedruckte, sondern auch auf mündliche oder handschriftliche Berichte. Die Bestimmung ist darum streng genommen keine preßrechtliche mehr. Das Privileg ist nicht als bloßer Strafausschließungsgrund aufzufassen, sondern als Anerkennung der Rechtmäßigkeit wahrheitsgetreuer Kammerberichte. Es ist daher auch ein objektives Verfahren wegen solcher Berichte nicht möglich. Dagegen schließt die Rechtmäßigkeit des Berichtes, wie später noch dargelegt werden soll, die Pflicht zur Berichtigung nicht aus.

Ähnliche Gründe wie für die Freigabe wahrheitsgetreuer Kammerberichte lassen sich auch für die Straflosigkeit der Berichte über öffentliche Gerichtsverhandlungen geltend machen. Auch hier will das Gesetz, daß sich die Verhandlungen im Lichte der Öffentlichkeit abspielen. Auch hier besteht ein öffentliches Interesse an möglichster Publizität, einmal weil auf die Dauer nur die öffentlich geübte Justiz in der Bevölkerung Vertrauen findet, sodann aber auch, weil die Veröffentlichung von Strafurteilen eine generalpräventive Wirkung zu üben und die abschreckende Kraft der Strafdrohungen bedeutend zu erhöhen geeignet ist. Der Regierungsentwurf zum geltenden Preßgesetz hatte deshalb für Gerichtssaalberichte eine ähnliche, wenn auch stark verklausulierte Bestimmung vorgeschlagen, wie sie für Kammerberichte geltendes Recht ist. Das Gesetz hat diese Bestimmung nicht übernommen. Der Ausschußbericht begründet das damit, daß eine mechanisch gewährte Immunität der gewissenlosen Presse, „die sich mit Vorliebe um Ehebruchs- und Ehescheidungsprozesse bewegt", die Möglichkeit böte, durch Auslassungen und Unterstreichungen das Bild der Verhandlung zu fälschen, so daß aus dem Bericht ein Libell würde. Da es über Gerichtsverhandlungen keine stenographischen Protokolle gebe, könnte auch gar nicht überprüft werden, ob der Bericht wahrheitsgetreu ist.

Aber auch ohne ausdrückliche gesetzliche Bestimmung wird

man annehmen müssen, daß rein sachliche, wahrheitsgetreue Berichte über öffentliche Gerichtsverhandlungen, auch wenn darin Äußerungen mitgeteilt sind, die an sich unter einen Tatbestand des Strafgesetzes fallen und rechtswidrig sind (wie etwa unwahre, die Ehre dritter Personen verletzende Behauptungen des Angeklagten) mit Rücksicht auf die vom Gesetz gewollte Öffentlichkeit der Verhandlungen nicht gegen die Rechtsordnung verstoßen, sofern nur die mitgeteilten Äußerungen zur Sache gehören, der Berichterstatter sie sich weder zu eigen macht, noch besonders hervorhebt und durch die Wiedergabe nicht etwa ein rechtliches Interesse von höherer Bedeutung verletzt wird, als sie der Publizität der Gerichtsverhandlungen zukommt. Die nach englischem common law für blasphemous, seditious und indecent matters geltenden Ausnahmen beruhen auf demselben Gedanken und weisen die Hauptrichtungen, in denen solche höhere Interessen zu finden sind.

g) Die Veröffentlichung des Urteils.

Die Veröffentlichung des Urteils ist keine Rechtsfolge, die ausschließlich bei Preßdelikten vorkommt. Sie spielt bald als Nebenstrafe oder sichernde Maßnahme, bald als Genugtuung für den Verletzten bei den verschiedensten Delikten eine Rolle. Doch gelten für die Veröffentlichung des Urteils als Folge eines Preßinhaltsdeliktes einige Besonderheiten.

Nach § 43, Abs. 1, PreßG. hat das Gericht, wenn es wegen des Inhaltes einer Zeitung, sei es wegen des Inhaltsdeliktes selbst oder wegen Vernachlässigung der pflichtmäßigen Sorgfalt (E. v. 15. Mai 1925, SSt V 55) eine Strafe verhängt oder wegen eines Inhaltsdeliktes den Verfall ausspricht, auf Antrag des Anklägers im Urteil auf Veröffentlichung des Urteils in dieser Zeitung zu erkennen. Das Urteil muß dann vom verantwortlichen Schriftleiter in der ersten oder zweiten Nummer, die nach Eintritt der Rechtskraft erscheint, veröffentlicht werden, und zwar ohne Einschaltungen und Weglassungen in demselben Teil der Zeitung und in der gleichen Schrift wie der strafbare Inhalt (vgl. unten S. 83). Der Charakter dieser Maßregel ist zweifelhaft. Als Strafe kann sie, da sie auch im objektiven Verfahren angeordnet werden kann, wohl kaum angesehen werden. Sie ist zwingend vorgeschrieben, aber von einem ausdrücklichen Antrag des Anklägers abhängig. Die Unterlassung der Anordnung trotz Vorliegens der gesetzlichen Voraussetzungen dürfte Nichtigkeit nach § 281, Z. 11, § 344, Z. 12, oder § 468, Z. 3, StPO. begründen.

Neben dieser zwingend vorgeschriebenen Veröffentlichung in der Zeitung, durch deren Inhalt das Erkenntnis veranlaßt worden ist, kann das Gericht dem Verurteilten (oder im objektiven Verfahren dem zum Kostenersatz Verpflichteten) im Urteil auch noch eine „weitere" Veröffentlichung (etwa durch andere Zeitungen oder durch öffentlichen Anschlag) auftragen, indem es zugleich die Art und den Zeitpunkt der Veröffentlichung bestimmt. Einen solchen Auftrag kann das Gericht auch erlassen, wenn eine strafbare Handlung durch den Inhalt eines anderen Druckwerkes als einer Zeitung begangen worden ist (§ 43, Abs. 2). Der Ausspruch des Gerichtes über diese in sein Ermessen gestellte Veröffentlichung kann wohl mit Berufung angefochten werden (§ 283, 464 Z. 2, 3, StPO.).

Lautet ein solches Erkenntnis auf Veröffentlichung in einer Zeitung, so hat der Verurteilte (zum Kostenersatz Verpflichtete) dem Gericht binnen acht Tagen nach dem für die Veröffentlichung bestimmten Zeitpunkt die Veröffentlichung durch Hinterlegung der Zeitungsnummer, die sie enthält, nachzuweisen. Geschieht das nicht, so kann, wenn das Delikt von Amts wegen zu verfolgen war, das Gericht, sonst der Privatankläger die Veröffentlichung auf Kosten des Verurteilten (zum Kostenersatz Verpflichteten) selbst veranlassen. Die Kosten der Veröffentlichung gehören zu den von dem Verurteilten (zum Kostenersatz Verpflichteten) zu ersetzenden Kosten des Strafverfahrens. Diese Bestimmung wird analog wohl auch auf den Fall angewendet werden müssen, daß auf Veröffentlichung durch andere Mittel als durch eine Zeitung erkannt worden ist.

III. Die Preßordnungsdelikte.

a) Allgemeines.

Für alle Preßordnungsdelikte gilt eine von den Bestimmungen des allgemeinen Strafgesetzes abweichende Regel über das Zusammentreffen. An die Stelle des dort (mit wenigen Ausnahmen) geltenden Absorptionsprinzips tritt, soweit auf Geldstrafe erkannt wird, nach § 5, Abs. 1, des Preßgesetzes das Kumulierungsprinzip, der Grundsatz der Strafhäufung.

„Hat jemand mehrere nach diesem Gesetze strafbare, mit Geldstrafe zu ahndende Übertretungen oder hat er eine solche Übertretung mehrmals begangen, so ist für jede Handlung eine gesonderte Geldstrafe zu verhängen. Die Summe der Geldstrafen kann die höchste im Gesetz angedrohte Strafe übersteigen. Das gleiche gilt von Freiheitsstrafen, die an die Stelle uneinbringlicher Geldstrafen treten; ihre Gesamtdauer darf jedoch nicht mehr betragen als ein Jahr."

Die Bestimmung bezieht sich sowohl auf das mehrtätige wie auf das eintätige Zusammentreffen und ist auch maßgebend, wenn dieselbe Person nach ihrer Verurteilung wegen eines Preßordnungsdeliktes wegen eines früher begangenen von neuem verurteilt wird (§ 265 StPO.). Sie gilt nicht bloß dann, wenn die Geldstrafe schon im Gesetz angedroht ist, sondern auch dann, wenn im Wege des richterlichen Strafumwandlungsrechtes statt der im Gesetz angedrohten Freiheitsstrafe eine Geldstrafe verhängt wird.

Die Bestimmung galt früher auch für die im Preßgesetz angedrohten, von den Verwaltungsbehörden zu verhängenden Geldstrafen (§ 13 PreßG.), ist aber in dieser Beziehung gemäß Artikel III des Einführungsgesetzes zu den Verwaltungsverfahrensgesetzen durch die allgemeine Bestimmung des Verwaltungsstrafgesetzes über das Zusammentreffen ersetzt worden (§ 22 VStG.), die sich von ihr nur durch das Fehlen der im § 5 PreßG. für die Kumulierung von Ersatzfreiheitsstrafen festgesetzten Höchstgrenze unterscheidet. Daran hat sich wohl auch dadurch nichts geändert, daß der erste Absatz des § 5 durch die Strafgesetznovelle vom Jahre 1929 eine neue Fassung erhalten hat. Denn diese neue Fassung stellt nach den Motiven nur eine authentische Interpretation des geltenden Wortlautes dar und hatte nicht den Zweck, den Geltungsbereich der Vorschrift abzuändern. Die Frage hat übrigens kaum praktische Bedeutung, da das Höchstmaß der Ersatzfreiheitsstrafe für das einzelne Delikt nur 14 Tage beträgt, sich daher durch Kumulierung wohl kaum jemals eine ein Jahr übersteigende Gesamtstrafe ergeben kann.

b) Übertretung der Vorschriften über das Ursprungszeugnis.

Nach § 17 macht sich der Drucker (oben S. 31 f.), der auf einem Druckwerk eine der in den §§ 15 und 16 vorgeschriebenen Angaben vorsätzlich oder fahrlässig unterläßt (Ursprungszeugnis, bei Zeitungen überdies Benennung des Herausgebers, Unternehmers und verantwortlichen Redakteurs, bei Plakaten und Flugschriften Benennung der „verantwortlichen Person"

— sämtlich mit allen vom Gesetz verlangten Einzelheiten [oben S. 41 f.]), einer Übertretung schuldig, die mit einer Geldstrafe bis zu 250 S bedroht ist. Diese Übertretung ist ein Sonderdelikt. Andere Personen als der Drucker können sie als Täter nicht begehen. Die Frage, ob sich Personen, die der Sonderpflicht nicht unterliegen, die durch die Strafdrohung gegen das Sonderdelikt sanktioniert ist, des Sonderdeliktes als Anstifter oder Gehilfen schuldig machen können, wird von der österreichischen Strafrechtslehre nicht einheitlich beantwortet, vom Obersten Gerichtshof aber bejaht.

Nach § 17 macht sich ferner einer Übertretung schuldig und wird mit Geldstrafe bis zu 250 S oder Arrest bis zu 14 Tagen bestraft, wer in einem Druckwerk über einen der vorgeschriebenen Punkte eine falsche Angabe „verschuldet", d. h. vorsätzlich oder fahrlässig veranlaßt. Nur der Drucker unterliegt dieser Strafe bloß dann, wenn er die falsche Angabe „wissentlich" macht. Das Wort wissentlich bedeutet im geltenden österreichischen Strafrecht nach der herrschenden Meinung soviel wie vorsätzlich, umfaßt also auch den eventuellen Vorsatz.

c) Übertretung der Vorschriften über die Anzeige der Herausgabe von Zeitungen.

Nach dem zweiten Absatz des § 19 macht sich einer Übertretung schuldig und wird mit Geldstrafe bis zu 250 S bestraft:

1. wer eine Zeitung herausgibt, ohne es der Sicherheitsbehörde vorher mit allen im ersten Absatz des § 19 vorgeschriebenen Einzelheiten (oben S. 37) angezeigt zu haben, und wer (als Herausgeber einer Zeitung) Veränderungen, die während des Erscheinens eintreten, oder das Aufhören des Erscheinens nicht rechtzeitig (oben S. 37) anzeigt. Der Strafdrohung unterliegt sowohl die vorsätzliche wie die fahrlässige Begehung. Strafbar ist zum Beispiel auch, wer die Anzeige zwar erstattet, darin aber aus Unachtsamkeit einen der vorgeschriebenen Punkte vergessen hat;

2. wer (als Herausgeber oder dessen Vertreter) in der Anzeige „wissentlich" (vorsätzlich) eine falsche Angabe macht;

3. wer (als Herausgeber oder dessen Vertreter) in der Anzeige „wissentlich" eine gesetzlich unfähige Person (oben S. 34) als verantwortlichen Schriftleiter namhaft macht. Die Namhaftmachung einer solchen unfähigen Person auf der Zeitung selbst ist nicht mit Strafe bedroht;

4. wer wissentlich auf einem Plakat oder einer Flugschrift eine gesetzlich unfähige Person (oben S. 35) als für den Inhalt verantwortlich angibt. Der Strafdrohung unterliegt jede Person, die wissentlich an der Benennung des Unfähigen mitgewirkt hat.

d) Übertretung der Vorschriften über die Vorlage von Pflicht- und Freistücken.

Nach § 22 wird wegen Übertretung mit Geldstrafe bis zu 250 S bestraft, wer „die in den §§ 20 und 21 auferlegten Verpflichtungen verletzt". Es sind das die Verpflichtung zur Vorlage von Pflichtstücken, von der oben S. 42 f. gehandelt worden ist, und die Verpflichtung zur Vorlage von Freistücken, die als Verpflichtung steuerrechtlicher Art in einem späteren Abschnitt zu erörtern sein wird.

Die Pflicht zur Ablieferung von Pflichtstücken ist dem Drucker, bei Druckwerken aber, die im Ausland gedruckt werden und im Inland erscheinen, wenn es sich um eine nichtperiodische Druckschrift handelt, dem Verleger, und wenn es sich um eine Zeitung handelt, dem Herausgeber auferlegt.

Zur Ablieferung der Freistücke ist der Verleger, wenn aber das Druckwerk im Ausland erscheint, der inländische Drucker verpflichtet. Nur diese Personen können also nach § 22 PreßG. als Täter bestraft werden. Die Pflicht zur Vorlage von Pflichtstücken wird verletzt, wenn von dem Druckwerk, für das sie vorgeschrieben ist (oben S. 42 f.), entweder gar kein Pflichtstück oder wenn das Pflichtstück anderen als den zuständigen Behörden oder nicht allen berechtigten Behörden oder wenn es verspätet vorgelegt wird. Einer Übertretung nach § 22 macht sich der Drucker also insbesondere auch dann schuldig, wenn er die Verbreitung des Druckwerkes zuläßt, bevor das Pflichtstück beim Staatsanwalt und bei der Sicherheitsbehörde eingelangt ist.

e) Die Verletzung der Berichtigungspflicht.

α) Wesen der Berichtigung.

Wie viele andere Einrichtungen des Preßrechts ist die Berichtigung französischen Ursprungs und auf dem Umweg über das Badische Preßgesetz vom 28. Dezember 1831 in das österreichische Recht übergegangen. Sie hat dabei ihren ehrlichen Namen „Entgegnung" („réponse") eingebüßt, ihr Wesen aber nicht verändert. Sie besteht im Widerspruch zu ihrer gegenwärtigen Bezeichnung nicht darin, daß etwas Richtiges an die Stelle von etwas Unrichtigem gesetzt wird. Die Berichtigung braucht nicht wahr zu sein, sie muß nur den Anspruch erheben, für wahr genommen zu werden. Sie garantiert den Personen und Behörden, über die in einer Zeitung etwas mitgeteilt worden ist, den Anspruch auf Gehör vor der Öffentlichkeit, das Recht, vor demselben Forum zu antworten, vor dem über sie gesprochen worden ist. Sie ist, wie Chassan[1]) es ausdrückt, „le palladium des citoyens, non contre le gouvernement, mais contre les abus de pouvoir de la presse périodique, abus tels qu'un écrivain démocrate[2]) n'hésite pas à proclamer que sans les articles 11 de la loi de 1822 et 17 de celle de 1835, et sans la jurisprudence qui les a largement interprétés en faveur des citoyens, il n'y aurait plus aujourd 'hui de liberté pour les individus non journalistes. Les trente trois millions de Français, dont notre pays s'honore[3]), seraient à l'heure qu'il est, gouvernés despotiquement par une centaine de rédacteurs en chef, non d'après telle ou telle loi votée par la nation, mais selon le bon plaisir de ces messieurs, comme au bon temps de la féodalité". Sie durchbricht das faktische Monopol der Zeitungsleute, durch die Zeitung zur Öffentlichkeit zu sprechen.

β) Voraussetzungen der Berichtigungspflicht.

Nach § 23 des Preßgesetzes ist der verantwortliche Schriftleiter einer Zeitung verpflichtet, eine Berichtigung darin mitgeteilter Tatsachen auf Verlangen einer beteiligten Behörde oder Privatperson unentgeltlich zu veröffentlichen. Die Berichtigung muß ohne Einschaltungen und Weglassungen veröffentlicht werden, und zwar in der ersten oder zweiten nach ihrem Einlangen erscheinenden Nummer der Zeitung, in demselben Teil der Zeitung und in der gleichen Schrift wie die zu berichtigende Mitteilung.

Die Aufnahme der Berichtigung kann nur verweigert werden: 1. wenn sie später als zwei Monate nach dem Erscheinen der berichtigten Mitteilung einlangt; 2. wenn wegen des die Mitteilung enthaltenden Aufsatzes in derselben Zeitung auf Verlangen desselben Beteiligten schon einmal eine Berichtigung veröffent-

[1]) l. c. I, 654.
[2]) Eugène Bareste.
[3]) Vor etwa 100 Jahren!

licht worden ist (vgl. dazu die Entscheidung des Obersten Gerichtshofes vom 14. Mai 1928, SSt VIII 69); 3. wenn die Berichtigung weder in deutscher noch in der Sprache der Mitteilung abgefaßt ist; 4. wenn ihre Veröffentlichung strafbar ist.

Die erste Voraussetzung der Berichtigungspflicht ist, daß in einer Zeitung Tatsachen mitgeteilt worden sind. Nur Tatsachen, nicht Meinungen sind Gegenstand der Berichtigung. Das unterscheidende Merkmal der Tatsache darf nicht in ihrer unmittelbaren Wahrnehmbarkeit erblickt werden und es ist willkürlich, den Tatsachen die „Urteile" gegenüberzustellen. Den Gegensatz zur Tatsachenmitteilung bildet nicht das Urteil, sondern die Äußerung einer subjektiven Meinung. Tatsache ist das objektiv Feststellbare, Kontrollierbare, einer Prüfung durch andere Zugängliche, gegenüber der individuellen Auffassung, dem persönlichen Eindruck, gegenüber dem, was man nur glaubt, aber nicht weiß, was man weder beweisen noch widerlegen kann, weil die Kategorie: richtig oder unrichtig darauf nicht anwendbar ist; in diese Zone des Unbeweisbaren gehören namentlich religiöse, politische und ästhetische Überzeugungen und die darauf beruhenden Urteile über einzelne Personen oder Leistungen. Tatsächliche Mitteilungen sind demnach Mitteilungen, deren Inhalt seiner Art nach (ohne Rücksicht auf etwaige im konkreten Fall bestehende Hindernisse) einer Prüfung auf seine Richtigkeit zugänglich ist. Der berichtigungsrechtliche Begriff der Tatsache ist, im Gegensatz zu der Bedeutung, die dasselbe Wort im § 491 StG. hat, nicht auf Handlungen beschränkt. Auch Eigenschaften sind Tatsachen, wenn sie von beweisbarer Art sind. Selbst Werturteile können tatsächliche Behauptungen sein, wenn der Bewertung ein allgemein anerkannter, nicht bloß auf individuellen Auffassungen beruhender Maßstab zugrunde liegt (etwas abweichend die Entscheidung des Obersten Gerichtshofes vom 29. Mai 1925, SSt V 60.) Was von den physischen Eigenschaften gilt, gilt auch von den moralischen. Dagegen gehören Beschimpfungen, mit denen der Redende bloß seiner persönlichen Nichtachtung Ausdruck geben will, nicht mehr zu den tatsächlichen Behauptungen.

Nicht berichtigungsfähig sind Kritiken über wissenschaftliche, künstlerische oder gewerbliche Leistungen, soweit es sich dabei um den Widerstreit von wissenschaftlichen Theorien oder von persönlichen Meinungen, Auffassungen oder Geschmacksrichtungen handelt. Dagegen sind sie berichtigungsfähig, soweit sie tatsächliche (i. e. beweisbare oder widerlegbare) Behauptungen enthalten, wie zum Beispiel die Behauptung, eine wissenschaftliche Arbeit sei ein Plagiat oder ein Schauspieler habe seine Rolle nicht gekonnt u. dgl.

Die zu berichtigende Tatsache muß mitgeteilt, das heißt, ihre Kenntnis muß andern vermittelt worden sein. Dazu ist nicht erforderlich, daß sie apodiktisch behauptet wird. Auch eine als Gerücht bezeichnete oder als zweifelhaft hingestellte Nachricht ist eine Mitteilung von Tatsachen. Dagegen kann von einer solchen nicht mehr gesprochen werden, wenn eine Zeitung eine tatsächliche Behauptung bloß wiedergibt, um sie (ehrlich) zu bestreiten.

Ein Berichtigungsanspruch besteht auch dann, wenn eine Zeitung eine Tatsache nicht unmittelbar, sondern bloß in der Form mitteilt, daß sie berichtet, ein anderer habe das oder jenes behauptet, wenn sie zum Beispiel eine Rede abdruckt oder eine in einem Prozeß abgelegte Aussage mitteilt, in der der Redende bestimmte Tatsachen behauptet (so auch mit ausführlicher und guter Begründung die Entscheidung des Obersten Gerichtshofes vom 16. April 1914, Oe.R. 566). Auch eine Berichtigung von tatsächlichen Behauptungen, die in Parlamentsreden enthalten sind, ist nicht ausgeschlossen. Die Immunität der Parlamentsberichte befreit lediglich „von jeder Verantwortung". Durch das Verlangen um Berichtigung wird aber niemand zur Verantwortung gezogen.

Einen Berichtigungsanspruch hat nur eine beteiligte Behörde oder Privatpersonen, nicht jedermann. Beteiligt ist nur die Person oder Behörde, auf die sich die Mitteilung bezieht, von der darin etwas ausgesagt wird, die an dem tatsächlichen Vorgang, der erzählt wird, beteiligt gewesen sein soll; nicht auch schon, wer bloß an der Richtigstellung interessiert ist oder Interessen zu wahren hat, die durch die Mitteilung berührt werden. Die Behörde oder Person braucht nicht ausdrücklich genannt zu sein. Es genügt auch eine Bezeichnung „durch auf sie passende Kennzeichen" (§ 488 StG.). Einen Berichtigungsanspruch haben nur Behörden und Rechtssubjekte, nicht auch Personengesamtheiten ohne Rechtspersönlichkeit. Doch können durch tatsächliche Mitteilungen über Personengesamtheiten einzelne Personen Berichtigungsansprüche erwerben. Sie sind unter denselben Voraussetzungen als beteiligt anzusehen, unter denen bei Kollektivbeleidigungen die einzelnen zu der angegriffenen Gemeinschaft gehörigen Personen die Anklage wegen Beleidigung erheben können. Daß der Beteiligte an der Berichtigung ein rechtliches Interesse habe, ist nicht erforderlich. Der Berichtigungsanspruch hat bloß formale Voraussetzungen.

Die dritte Voraussetzung der Berichtigungspflicht ist ein von der beteiligten Behörde oder Person gestelltes Verlangen. Dieses Verlangen kann der Beteiligte im Rahmen seiner Handlungsfähigkeit selbst stellen oder ein gesetzlicher oder gekürter Vertreter für ihn. Betrifft die Mitteilung einen Verstorbenen, so können dessen Blutsverwandte, Ehegatte, Wahl- und Zieheltern, Wahl- und Ziehkinder, Mündel oder Verschwägerte in auf- und absteigender Linie, die Geschwister des Ehegenossen und die Ehegenossen der Geschwister Berichtigung begehren, nicht etwa weil sie selbst beteiligt wären, sondern weil § 495 des Strafgesetzes diese Personen auch zur Anklage wegen Beleidigung des Verstorbenen legitimiert und diese Bestimmung wegen der inneren Verwandtschaft zwischen Ehrenschutz- und Berichtigungsrecht auf die Berichtigung analog anzuwenden ist. Ebenso ist auf Grund des Artikels II der Strafgesetznovelle vom Jahre 1929[1]) anzunehmen, daß tatsächliche Mitteilungen, die eine Zeitung betreffen und keine Beziehung zu einer bestimmten, an der Herstellung der Zeitung beteiligten Person erkennen lassen, vom Herausgeber berichtigt werden können.

Das Verlangen ist an die auf der Zeitung für Zuschriften an die Redaktion angegebene Adresse, nicht an die Privatadresse des verantwortlichen Redakteurs zu leiten. Denn der Berichtigungsanspruch besteht trotz des Wortlautes des § 23 nicht gegen den Schriftleiter persönlich, sondern gegen die Zeitung, genauer gegen den Zeitungsunternehmer. Bei einem Wechsel in der Person des verantwortlichen Redakteurs verpflichtet das an den früheren Redakteur gestellte Verlangen auch den neuen. Es kann sogar das gegen den früheren Redakteur erwirkte Urteil gegen seinen Nachfolger vollstreckt werden (§ 44 PreßG.). Das Verlangen kann auch mündlich in der Redaktion gestellt werden, der Aufsatz aber, den der Berichtigungswerber in die Zeitung aufgenommen zu sehen wünscht, muß wohl schriftlich überreicht werden. Über das Verlangen um Auf-

[1]) Das Nähere darüber siehe unten S. 126 ff.

nahme einer Berichtigung ist auf Begehren eine Bestätigung auszustellen. Auf die Verletzung dieser Pflicht ist aber keine Sanktion gesetzt und auch eine Zivilklage auf Ausstellung der Bestätigung ist nach der Entscheidung des Obersten Gerichtshofes vom 3. Juli 1930, 3 Ob 582/29, unzulässig. Das Verlangen muß spätestens zwei Monate nach dem Erscheinen der zu berichtigenden Mitteilung einlangen, sonst ist der Berichtigungsanspruch erloschen. Die Frist ist eine Präklusiv- und keine Verjährungsfrist.

Die vierte Voraussetzung der Berichtigungspflicht ist endlich, daß der von der beteiligten Behörde oder Privatperson der Redaktion vorgelegte oder eingesandte Aufsatz wirklich bloß eine „Berichtigung" ist, d. h. sich darauf beschränkt, die mitgeteilten Tatsachen zu bestreiten und an die Stelle des angeblich unrichtigen den behaupteten wirklichen Sachverhalt zu setzen, daß er sich aber nicht noch darüber hinaus in Auseinandersetzungen, Erwägungen und Betrachtungen verirrt, die nicht mehr als Bestreitung oder Aufstellung tatsächlicher Behauptungen angesehen werden können. Eine korrekte Berichtigung darf also höchstens folgenden Inhalt haben:

1. Sie kann die in der Zeitung mitgeteilten Tatsachen bestreiten;

2. Sie kann, auch ohne die mitgeteilten Tatsachen geradezu zu bestreiten, behaupten, daß die Darstellung unvollständig sei und daß Tatsachen unterdrückt worden seien, die die ganze Begebenheit in einem anderen Lichte erscheinen lassen. So kann zum Beispiel die Mitteilung, X. habe in einem bestimmten Turnier keinen Preis gewonnen, berichtigt werden durch die Feststellung, daß er an dem Turnier gar nicht teilgenommen hat, oder es kann ein Gerichtssaalbericht, der nur die für den Kläger ungünstigen Beweisergebnisse mitteilt, berichtigt werden durch Anführung der die Prozeßbehauptungen des Klägers bestätigenden Zeugenaussagen usw.;

3. Außer den in der ursprünglichen Mitteilung angeblich unterdrückten, für die Beurteilung der Begebenheit wesentlichen Tatsachen dürfen in der Berichtigung auch solche neue Tatsachen angeführt werden, die die Unwahrheit der ursprünglichen Mitteilung und die Wahrheit der Berichtigung beweisen (beweisende Tatsachen) oder Mißverständnisse, die bei einer bloßen Negation zu befürchten wären, ausschließen sollen. So kann die Mitteilung, jemand habe zu einer bestimmten Zeit an

einem bestimmten Ort etwas gesagt oder getan, berichtigt werden durch die Behauptung, er sei damals gar nicht dort gewesen, oder die Mitteilung, jemand habe eine Äußerung schriftlich getan, durch die Behauptung, er habe sie weder schriftlich noch mündlich getan;

4. Es können endlich auch Tatsachen in der Berichtigung angeführt werden, die mit den behaupteten Tatsachen unverträglich sind (konträre Tatsachen). Die Mitteilung z. B., jemand habe im Spiel 1000 S verloren, kann durch die Behauptung berichtigt werden, er habe 500 S gewonnen.

Dagegen dürfen in der Berichtigung keine Tatsachen behauptet werden, die weder einen Schluß auf die Richtigkeit oder Unrichtigkeit der in der ursprünglichen Mitteilung behaupteten Tatsachen zulassen, noch diese in einem wesentlichen Punkt vervollständigen (disparate oder diskrepante Tatsachen).

Die Berichtigung darf nicht so beschaffen sein, daß ihre Veröffentlichung strafbar wäre, d. h. (ohne Rücksicht auf die Strafbarkeit einer bestimmten Person) eine mit Strafe bedrohte Handlung bilden würde. Der Redakteur braucht daher auch Berichtigungen nicht zu veröffentlichen, die ihn selbst beleidigen. Wird in der Berichtigung eine vom Einsender verschiedene Person einer strafbaren, unehrenhaften oder unsittlichen Handlung beschuldigt, so braucht der Redakteur die Berichtigung nur aufzunehmen, wenn die Wahrheit der Beschuldigung unzweifelhaft feststeht, z. B. durch gerichtliches Urteil festgestellt ist.

Die Berichtigung muß endlich in derselben Sprache wie die zu berichtigende Mitteilung, sie darf aber, wenn diese eine andere als die deutsche Sprache ist, auch in deutscher Sprache abgefaßt sein.

γ) Inhalt und Umfang der Berichtigungspflicht.

Eine den gesetzlichen Erfordernissen genügende Berichtigung muß der verantwortliche Schriftleiter in der ersten oder zweiten nach ihrem Einlangen erscheinenden Nummer der Zeitung veröffentlichen, und zwar in demselben Teil der Zeitung und in derselben Schrift wie die zu berichtigende Mitteilung. Unter Teilen der Zeitung sind hier die einzelnen der Behandlung verschiedener Materien gewidmeten Abteilungen der Zeitung zu verstehen, also z. B. der politische Teil, der lokale Teil, die Theater- und Kunstnachrichten, der volkswirtschaftliche Teil usw. Nicht notwendig ist es, daß die Berichtigung in dem betreffenden Teil auch an derselben Stelle erscheine wie die zu berichtigende Mitteilung. Sie kann also als letzter Artikel dieses Teiles gereiht werden, auch wenn die zu berichtigende Mitteilung an erster Stelle gestanden hat. „In derselben Schrift" bedeutet: in der Überschrift sowohl wie im Text mindestens mit den gleichen Lettern und in der gleichen Setzart (Entscheidung des Obersten Gerichtshofes vom 14. Jänner 1929, SSt IX 7).

Die Berichtigung muß endlich ohne Einschaltungen und Weglassungen veröffentlicht werden. Dieser Vorschrift würde schon durch Einschaltung eines bloßen Frage- oder Ausrufungszeichens oder einer Interjektion zuwidergehandelt werden. Das Verbot der Weglassung bezieht sich nur auf die eigentliche Berichtigung, nicht auch auf das sie einbegleitende Schreiben. Es genügt, wenn ersichtlich gemacht wird, daß es sich um eine Berichtigung handelt und von wem sie stammt. Das Verbot der Weglassung bezieht sich selbstverständlich nur auf formell korrekte Berichtigungen. Enthält die Berichtigung Stellen, deren Veröffentlichung strafbar wäre oder die sonst über den zulässigen Inhalt hinausgehen, so braucht der Redakteur die Berichtigung überhaupt nicht zu veröffentlichen. Tut er es doch, so kann er straflos weglassen, was er will. Allerdings setzt er sich dadurch unter Umständen einer neuen Berichtigung des Inhaltes aus, daß die eingesandte Berichtigung anders gelautet habe.

Nicht verwehrt ist es der Zeitung, der Berichtigung redaktionelle Bemerkungen vorauszuschicken oder anzuhängen. Sie kann auch dagegen polemisieren, und zwar selbst gegen behördliche Berichtigungen. Doch darf die Berichtigung nicht in einer Form einbegleitet werden, die den Anschein erweckt, als teile sie die Zeitung nicht mit, um den Einsender zu Worte kommen zu lassen, sondern nur zu dem Zweck, den Lesern die Mutwilligkeit seines Berichtigungsbegehrens darzutun (Entscheidung vom 14. November 1924, SSt IV 113).

δ) Die Folgen der Verletzung der Berichtigungspflicht.

Wird die Berichtigung in die Zeitung überhaupt nicht oder nicht rechtzeitig oder nicht in der vorgeschriebenen Art aufgenommen, so kann der Berichtigungswerber nach § 24 PreßG. „die Hilfe des Gerichtes anrufen". Wie sich aus der Zitierung des § 33 ergibt, ist das Strafgericht gemeint, und die Anrufung kann, wie sich aus den folgenden Absätzen des § 24 ergibt, nur in der Form des Strafantrages, der Anklage geschehen. Der Berichtigungswerber muß also, um seinen Berichtigungsanspruch durchzusetzen, gegen den verantwortlichen Redakteur die Privatanklage wegen Verletzung der Berichtigungspflicht erheben und seine Bestrafung begehren, auch wenn es ihm gar nicht um diese Bestrafung zu tun ist und er bloß seine Berichtigung abgedruckt sehen will (so auch die Entscheidung vom 19. November 1928, SSt VIII 144). Die Anklage muß wie jede andere Privatanklage binnen 6 Wochen von der Zeit an erhoben werden, wo dem Ankläger die strafbare Handlung bekannt geworden ist (§ 530 StG.). Obwohl das Delikt als Unterlassungsdelikt so lange begangen wird, als die Berichtigung nicht in der vorgeschriebenen Art veröffentlicht wird, entspricht es doch der vergänglichen Natur des Berichtigungsanspruches (§ 23, Abs. 2, Z. 1), die sechswöchige Frist mit dem Erscheinen der zweiten dem Begehren folgenden Nummer beginnen zu lassen.

Die Verletzung der Berichtigungspflicht bildet eine Übertretung und wird mit Geldstrafe bis zu 250 S bestraft. Sie kann bestehen in der verspäteten Veröffentlichung (§ 24, Abs. 2, Z. 1), in der nicht formgerechten („nicht in der gesetzlich vorgeschriebenen Weise erfolgenden") Veröffentlichung (§ 24, Abs. 2, Z. 2) und in der „grundlosen Verweigerung" der Veröffentlichung (§ 24, Abs. 2, Z. 3). Unter der Verweigerung ist nicht bloß die ausdrückliche Ablehnung, sondern auch die einfache Unterlassung zu verstehen. In allen drei Fällen kann das Delikt sowohl vorsätzlich als fahrlässig begangen werden. Täter kann nur der verantwortliche Redakteur sein.

Nach der Z. 4 des zweiten Absatzes des § 24 hat das Gericht von Strafe abzusehen, „wenn die Veröffentlichung" (scil. einer korrekten Berichtigung, andernfalls ist immer freizusprechen) „nur verweigert worden ist, weil der verantwortliche Schriftleiter aus entschuldbarem Irrtum die Berichtigung nicht als Berichtigung mitgeteilter Tatsachen angesehen hatte". Der Irrtum des Schriftleiters kann nicht nur darin bestehen, daß er das, was berichtigt werden soll, für keine „Tatsache" hält, sondern wohl auch darin, daß er meint, der eingesandte Aufsatz sei keine auf gesetzlich zulässige Tatsachenbehauptungen beschränkte „Berichtigung". In beiden Fällen handelt es sich um einen Rechtsirrtum. Dieser Irrtum muß „entschuldbar" sein. Das wird nur dann der Fall sein, wenn es sich um einen Irrtum handelt, in den auch ein Rechtskundiger verfallen kann (vgl. die Entscheidung des Obersten Gerichtshofes vom 16. September 1927, SSt VII 73). Denn „wer ohne Not freiwillig ein Geschäft übernimmt, dessen Ausführung eigene Kunstkenntnisse . . . erfordert . . ., muß den Mangel derselben verantworten" (§ 1299 ABGB., ähnlich § 233 StG.). Obwohl der Irrtum „entschuldbar" sein muß, wird der Redakteur, der ihm verfallen ist, nicht freigesprochen, sondern schuldiggesprochen. Es wird nur keine Strafe über ihn verhängt. Im übrigen gilt aber das Erkenntnis als verurteilendes Erkenntnis.

Die Vorschrift bedarf analoger Anwendung auf den Fall, daß der Redakteur, weil er nur einen Teil der Berichtigung für keine Berichtigung mitgeteilter Tatsachen hält, die Veröffentlichung nicht ganz, sondern nur zum Teil verweigert. Tut er das eine oder das andere in dem entschuldbaren Irrtum, die Berichtigung habe einen strafbaren Inhalt, so wäre er freizusprechen.

Mit jedem Schuldspruch wegen Verletzung der Berichtigungspflicht, mit einziger Ausnahme des Falles, daß der Redakteur bloß wegen verspäteter Veröffentlichung der Berichtigung bestraft wird, ist, auch wenn von Strafe abgesehen wird, zugleich „auf Veröffentlichung der Berichtigung zu erkennen", d. h. dem verantwortlichen Redakteur die Veröffentlichung aufzutragen. Eines besonderen Antrages des Anklägers bedarf es hiezu nicht. Wohl aber wird ein ausdrücklicher Verzicht des Privatanklägers auf Veröffentlichung einem solchen Erkenntnis entgegenstehen.

Auf Veröffentlichung des korrekten Teiles der Berichtigung soll endlich nach dem 3. Absatz des § 24 erkannt werden, wenn die Berichtigung neben einwandfreien auch solche Stellen enthält, die nicht als Berichtigung mitgeteilter Tatsachen anzusehen sind. In einem solchen Fall muß der verantwortliche Schriftleiter natürlich freigesprochen werden. Der Veröffentlichungsauftrag wird daher hier nicht mit einem Schuldspruch, sondern mit einem Freispruch verbunden.

Diese Bestimmung wird analog auf alle andern Fälle anzuwenden sein, wo der angeklagte Schriftleiter aus einem Grunde freigesprochen wird, der den Anspruch auf Veröffentlichung der eingesandten Berichtigung unberührt läßt, zum Beispiel auf den Fall, daß der Redakteur den Inhalt der eingesandten Berichtigung aus entschuldbarem Irrtum für strafbar hält, oder daß ihm ohne sein Verschulden durch ein in der Redaktion vorgefallenes Versehen die Berichtigung nicht zugekommen ist, oder daß er wegen Geisteskrankheit freigesprochen wird usw.

ε) Der Berichtigungsprozeß.

Des Zusammenhanges wegen sollen hier (und nicht erst im folgenden Abschnitt) auch die prozeßrechtlichen Bestimmungen besprochen werden, die sich auf die Berichtigung beziehen. Der Berichtigungsprozeß wird eingeleitet durch Erhebung der Privatklage gegen den verantwortlichen Redakteur. Zuständig ist das für Preßsachen zuständige Bezirksgericht des Tatortes, i. e. des Ortes, wo die Zeitung erscheint. Das Gericht hat sofort die Hauptverhandlung anzuordnen, und zwar womöglich so, daß über die Anklage noch in den ersten 24 Stunden nach ihrer Einbringung erkannt werden kann. Das Erkenntnis über die Veröffentlichung ist in das Urteil aufzunehmen. Dieses ist anfechtbar wie jedes andere, nur haben die dagegen vom Beschuldigten ergriffenen Rechtsmittel, soweit es sich um die Veröffentlichung der Berichtigung handelt, keine aufschiebende Wirkung. Das gilt auch von dem Einspruch gegen ein in Abwesenheit des Beschuldigten gefälltes Urteil, obwohl dieser Einspruch kein Rechtsmittel im eigentlichen Sinne ist. Wie der Auftrag zur Veröffentlichung für sich allein angefochten werden kann, ist im Gesetze nicht gesagt. Nach der Entscheidung des Obersten Gerichtshofes vom 21. Juni 1929, SSt IX 62, kann es nur durch Berufung wegen Nichtigkeit (§ 468, Z. 3, und § 281, Z. 9 a, StPO.) geschehen. Es dürfte aber dem Geist der Strafprozeßordnung besser entsprechen, auf diese Anfechtung die Bestimmungen über die Berufung gegen den Ausspruch über die privatrechtlichen Ansprüche analog anzuwenden (vgl. die Ausführungen in der Entscheidung des Obersten Gerichtshofes vom 19. November 1928, SSt VIII 144). Diese Berufung muß auch dem Privatankläger offenstehen, wenn gegen seinen Einspruch oder ohne seine Anhörung auf Teilveröffentlichung erkannt worden ist.

Wird der Auftrag zur Veröffentlichung vom Berufungsgericht aufgehoben und ist die Berichtigung auf Grund dieses Auftrages schon veröffentlicht worden, so hat das Berufungsgericht zugleich dem verantwortlichen Redakteur „das Recht zuzuerkennen, die aufhebende Entscheidung auf Kosten des Anklägers in der im § 23 festgesetzten Weise" (also in derselben Weise wie die Berichtigung selbst) „zu veröffentlichen".

Über die Zwangsvollstreckung des Veröffentlichungsauftrages bestimmt der letzte Absatz des § 24 folgendes:

„In dem Erkenntnisse auf Veröffentlichung der Berichtigung ist auszusprechen, daß die Zeitung von dem nach Absatz 4 zu bestimmenden Tage an" (also von dem Tag an, an dem die Berichtigung spätestens veröffentlicht werden muß), „wenn sie die Berichtigung nicht" — das „nicht" bedeutet auch: „nicht formgerecht" (Entscheidung des Obersten Gerichtshofes vom 15. Mai 1925, SSt V 55) — „gebracht hat" (richtig: ‚bringt'), „nicht erscheinen darf. Das Erscheinen jeder weiteren Nummer der Zeitung vor Erfüllung der Verpflichtung" (auch schon der zweiten) „ist eine Übertretung, für die der verantwortliche Schriftleiter auf Begehren des Beteiligten" (Privatanklage) „mit einer Geldstrafe bis zu 250 S zu bestrafen ist." Die Geldstrafe ist so oft zu verhängen, als die Zeitung widerrechtlich bis zum Urteil erschienen ist (§ 5 PreßG.).

Diese Art der Erzwingung der Veröffentlichung ist an die Stelle der im alten Preßgesetz für den Fall der Veröffentlichung angedrohten Einstellung der Zeitung getreten. Sie besteht im wesentlichen darin, daß von der zweiten auf die Verkündung oder Zustellung des Urteils folgenden Nummer an so lange, bis die Berichtigung veröffentlicht ist, für jede Nummer, die die Berichtigung nicht enthält, eine Zwangsstrafe gegen den Redakteur verhängt wird. Nur wird diese Zwangs- oder Beugestrafe als kriminelle Strafe angedroht, verhängt und vollzogen. Sie kann daher auch nur bei schuldhafter Nichterfüllung verhängt werden. Wegen der Übertretung nach Absatz 6 des § 24 kann der Schriftleiter selbstverständlich auch wiederholt in Ansehung derselben Berichtigung verurteilt werden.

Die dem verantwortlichen Redakteur urteilsmäßig auferlegte Verpflichtung geht auf seinen Nachfolger über (§ 44). Es kann also auch der Nachfolger des verurteilten Redakteurs wegen Nichterfüllung des Urteils bestraft werden, aber natürlich auch nur im Falle eines Verschuldens.

f) Die Verletzung der Pflicht zur Aufnahme von Zwangseinschaltungen (§§ 25, 43 PreßG.).

Nach § 25 des Preßgesetzes ist der verantwortliche Schriftleiter einer Zeitung, die Ankündigungen (dazu gehören nicht bloß Annoncen im engsten Sinn, sondern auch Vermählungs-, Geburts- und Todesanzeigen, Preisausschreiben, Verlautbarungen von Vereinen u. dgl.) gegen Entgelt aufnimmt, verpflichtet, gerichtliche Entscheidungen, auf deren Veröffentlichung das Gericht erkannt hat, in einer der ersten drei nach der Einsendung erscheinenden Nummern gegen Vergütung der üblichen Einrückungsgebühren ohne Einschaltungen, Weglassungen und Zusätze zu veröffentlichen.

Die grundlose Verweigerung der Veröffentlichung (d. h.: die grundlose Nichterfüllung der Verpflichtung zur Veröffentlichung) und die mangelhafte („nicht in der gesetzlich vorgeschriebenen Weise vorgenommene") Veröffentlichung bilden eine Übertretung, die mit Geldstrafe bis zu 250 S für jede vor Erfüllung der Verpflichtung erschienene Nummer bestraft wird (§ 5). Das Delikt kann vorsätzlich und fahrlässig begangen werden. Täter kann nur der verantwortliche Schriftleiter sein. Die Verfolgung findet in allen Fällen von Amts wegen statt, setzt aber voraus, daß die Behörde oder Person, die die Veröffentlichung zu verlangen berechtigt ist, sie von der Zeitung tatsächlich verlangt hat. Das Urteil für sich allein verpflichtet die Zeitung noch nicht zur Veröffentlichung.

Die Bestimmung bezieht sich nicht auf die Fälle, wo eine Zeitung wegen eines durch ihren Inhalt begangenen Deliktes zur Veröffentlichung des Urteils verhalten wird (§ 43, Abs. 1, PreßG., oben S. 73). Auf diesen Fall ist vielmehr die Strafdrohung des § 24, Abs. 6, sinngemäß anzuwenden. Die Anklage hat in einem solchen Falle, wenn das Inhaltsdelikt ein von Amts wegen zu verfolgendes war, der öffentliche Ankläger, wenn es dagegen nur ein auf Privatanklage zu verfolgendes war, der Verletzte zu erheben.

Im übrigen bezieht sich § 25 sowohl auf die Fälle, wo die Veröffentlichung als Nebenstrafe verhängt (z. B. § 21 LMG.) oder als sichernde Maßnahme angeordnet wird (z. B. § 43, Abs. 3, PreßG.), als auch auf die Fälle, wo die Veröffentlichung sich als Genugtuung für den Verletzten darstellt, und zwar selbst dann, wenn das Gericht einer Partei bloß die Befugnis zuspricht, das Urteil auf Kosten des andern Teiles zu veröffentlichen (z. B. § 51 UrhG., § 25, Abs. 2 bis 4, UnlWettbG.).

g) Die Verletzung der Pflicht zur Kennzeichnung entgeltlicher Ankündigungen.

Nach § 26 müssen Ankündigungen und Anpreisungen in einer Zeitung, für deren Aufnahme die Zeitung ein Entgelt erhält, als solche, das heißt als entgeltliche, deutlich zu erkennen sein (Entscheidung des Obersten Gerichtshofes vom 16. April 1923, SSt III 21). Die Pflicht, für diese Kennzeichnung zu sorgen, hat das Gesetz dem Herausgeber und dem Zeitungsunternehmer auferlegt. Wird die Vorschrift verletzt, so sind beide wegen Übertretung mit Geldstrafe bis zu 250 S zu bestrafen. Überdies ist das Entgelt, das die Zeitung für die verschleierte Ankündigung oder Anpreisung erhalten hat, für verfallen zu erklären.

Nach dem Bericht des Justizausschusses soll diese Bestimmung „dem immer schamloser auftretenden Unfug steuern, daß Ankündigungen und Anpreisungen, für die gezahlt wird, in den redaktionellen Teil eingeschleppt werden, damit den Anschein gewinnend, daß sie, die bezahlte Reklame sind, die Wiedergabe redaktioneller Meinungen wären".

Unter Ankündigungen sind wie im § 25 nicht bloß Annoncen, sondern auch Familiennachrichten, Vereinsnachrichten, Kunstnachrichten u. dgl. zu verstehen, unter Anpreisungen auch vorteilhafte Kritiken von Waren oder Leistungen. Ein Entgelt erhält die Zeitung für eine solche Ankündigung oder Anpreisung nicht nur dann, wenn diese abgesondert honoriert wird, sondern auch dann, wenn sich die Veröffentlichung neben einem an anderer Stelle erscheinenden Inserat als ein Teil der Leistung darstellt, zu der sich die Zeitung gegen Bezahlung der Insertionsgebühren — sei es auch bloß der tarifmäßigen Gebühren für das Inserat — entweder ausdrücklich oder im Hinblick auf eine bei der Zeitung tatsächlich bestehende Übung stillschweigend verpflichtet hat. Denn in diesen Fällen stellt die Insertionsgebühr nicht bloß das Entgelt für die Veröffentlichung des Inserates, sondern auch für die Mitteilung im redaktionellen Teil dar.

Als bezahlt *kann* eine Ankündigung oder Anpreisung schon durch den Platz, an dem sie steht, deutlich erkennbar sein, wie z. B. die Inserate im Inseratenteil einer Zeitung, oder, wenn für die in den redaktionellen Teil eingerückten Inserate eine besondere Form allgemein üblich und daher leicht erkennbar ist, auch durch diese Form. Andernfalls muß die Entgeltlichkeit auf eine für jeden Leser unzweifelhafte und genügend auffällige Weise erkennbar gemacht werden. Es genügt zum Beispiel, wenn die erste Seite jeder Nummer einen auffälligen Vermerk trägt, daß die im redaktionellen Teil enthaltenen Ankündigungen und Anpreisungen mit einem bestimmten Erkennungszeichen versehen sind und dieses Kennzeichen dann jeder einzelnen dieser Ankündigungen und Anpreisungen beigesetzt wird (Entscheidungen des Obersten Gerichtshofes vom 16. April 1923, SSt III 21, und vom 3. November 1926, SSt VI 122).

Das Delikt kann vorsätzlich und fahrlässig begangen werden. Täter können nur der Herausgeber der Zeitung und der Zeitungsunternehmer sein. Ist für die entgeltliche Ankündigung kein besonderes Entgelt gezahlt, sondern für die Ankündigung und eine andere Leistung ein gemeinsames Entgelt vereinbart worden, so ist nicht das ganze Entgelt für verfallen zu erklären, sondern nur der Teil, der mit Rücksicht auf Umfang und Platz der bezahlten Ankündigung dem Betrag entspricht, der von der Zeitung in ähnlichen Fällen für ausdrücklich als entgeltlich bezeichnete Ankündigungen und Anpreisungen berechnet wird.

h) Die Verbreitung verbotener ausländischer Zeitungen.

Wer eine ausländische Zeitung, deren Verbreitung von der Bundesregierung nach § 28, Abs. 1, PreßG. verboten worden ist (siehe oben S. 43), innerhalb der Verbotsfrist verbreitet, (§ 3 PreßG., oben S. 28), wird wegen Übertretung mit Geldstrafe bis zu 250 S bestraft. Auch k a n n auf Verfall der zur Verbreitung (im Inland) bestimmten Stücke der Zeitung erkannt werden.

i) Die Vernachlässigung der pflichtmäßigen Sorgfalt.

Diese Übertretung ist schon im Zusammenhang mit den Sonderbestimmungen über Preßinhaltsdelikte erörtert worden (oben S. 65 bis 71).

k) Die Verbreitung beschlagnahmter Druckwerke.

Nach § 39 PreßG. sind die Weiterverbreitung eines in Beschlag genommenen Druckwerkes (i. e. eines Druckwerkes, dessen p r e ß rechtliche Beschlagnahme a n g e o r d n e t worden ist) und — wenn das Druckwerk wegen eines Inhaltsdeliktes in Beschlag genommen worden ist — auch die Wiederveröffentlichung des in der Beschlagnahmeverfügung als strafbar bezeichneten Inhaltes (i. e. des Gedankens in der ihm vom Urheber gegebenen Form, ohne daß jedoch unwesentliche Abweichungen im Wortlaut die Identität aufhöben) verboten und als Übertretung mit Geldstrafe bis zu 250 S zu bestrafen, wenn sie vorsätzlich geschehen. Der Täter kann also nur bestraft werden, wenn er die Tat begeht, obwohl er von der Beschlagnahme weiß oder doch damit rechnet. Unter der „Wieder"-Veröffentlichung ist wohl nur die Veröffentlichung durch den Druck zu verstehen. Öffentliches Vorlesen des beschlagnahmten Artikels würde also den Tatbestand des § 39 PreßG. nicht erfüllen, kann aber nach den allgemeinen Bestimmungen als das in dem Artikel verkörperte Äußerungsdelikt bestraft werden, wenn der Täter mit der diesem Delikt entsprechenden Schuldform handelt. Trifft das bei der Weiterverbreitung eines wegen seines Inhaltes beschlagnahmten Druckwerkes oder bei der Wiederveröffentlichung seines Inhaltes durch den Druck zu, so macht sich der Täter in eintätigem Zusammentreffen sowohl des Äußerungsdeliktes als auch der Übertretung nach § 39 PreßG. schuldig.

Die Übertretung des § 39 PreßG. ist kein Inhaltsdelikt. Der Grund der Strafbarkeit liegt nicht in dem gedanklichen Inhalt des Druckwerkes, sondern in der äußeren Tatsache der Beschlagnahme, mag sie auch mit Unrecht ausgesprochen worden sein. Der verantwortliche Schriftleiter einer Zeitung, in der ein beschlagnahmter Artikel abgedruckt worden ist, kann daher, wenn der Artikel nicht wirklich einen strafbaren Inhalt hat, aus dem Grunde der Beschlagnahme allein nicht wegen Vernachlässigung der pflichtmäßigen Sorgfalt nach § 30, sondern nur nach § 39, und zwar nur dann bestraft werden, wenn er mit direktem oder eventuellem Vorsatz gehandelt hat. Auch kann der Verfall und die Beschlagnahme des die Wiederveröffentlichung enthaltenden Druckwerkes nur wegen des darin verkörperten Inhaltsdeliktes, nicht wegen der Übertretung des § 39 PreßG. ausgesprochen werden. Bei der bloßen Weiterverbreitung eines beschlagnahmten Druckwerkes bedarf es keines neuen Ausspruches dieser Art, weil sich das ursprüngliche Erkenntnis auch auf die zur Weiterverbreitung bestimmten Exemplare erstreckt.

Das Delikt kann nur solange begangen werden, „als die Beschlagnahme dauert", also (selbstverständlich) nicht mehr, nachdem die Beschlagnahme erloschen oder aufgehoben worden ist.

Aber auch dann, wenn an die Stelle der vorläufigen Beschlagnahme der Ausspruch des Verfalles getreten ist, ist die Weiterverbreitung nicht mehr nach § 39 PreßG., sondern nur noch insofern strafbar, als sie es auch ohne Beschlagnahme und Verfallserkenntnis wäre (§ 7 StG., § 30, Abs. 2, PreßG.).

B. Die Sonderbestimmungen über das Verfahren in Preßsachen.

Für das „Strafverfahren in Preßsachen" gelten nach § 34 des Preßgesetzes, soweit dieses nichts anderes bestimmt („mit den im folgenden festgesetzten Abweichungen"), die Vorschriften der Strafprozeßordnung. Unter „Preßsachen" versteht das Preßgesetz nicht nur die Preßordnungsdelikte, sondern (wie sich insbesondere daraus ergibt, daß „im folgenden" viele Bestimmungen vorkommen, die sich auch oder allein auf Preßinhaltsdelikte beziehen) auch die Preßinhaltsdelikte, nicht mehr dagegen die Preßbestechungssachen, von denen im Anhang zu diesem Kapitel gehandelt werden wird.

Die Sonderbestimmungen beziehen sich auf die Zuständigkeit (§ 35, 36), die Beschlagnahme und den Verfall (§ 37—42) und auf gewisse, den Zeitungsleuten eingeräumte Befreiungen vom Zeugniszwang (§ 45). Die Besonderheiten des Strafverfahrens in Berichtigungssachen und die Besonderheiten der Vollstreckung von Erkenntnissen auf Urteilsveröffentlichung sind schon im Zusammenhang mit diesen Einrichtungen selbst besprochen worden (oben S. 87 und 74). Bestimmungen über das Verfahren zur Geltendmachung der Haftung für Geldstrafen und Kosten (§ 5, Abs. 2, PreßG.) fehlen im Gesetz. Diese Lücke muß mit Hilfe der Analogie ausgefüllt werden.

I. Die Zuständigkeitsvorschriften.

Für das Übertretungsverfahren in Preßsachen („das Strafverfahren wegen aller den Gerichten zugewiesenen Übertretungen") ist nach § 35 PreßG. in jedem Gerichtshofsprengel nur ein einziges Bezirksgericht zuständig, und zwar, wenn nicht durch Verordnung etwas anderes bestimmt ist, das Bezirksgericht, in dessen Sprengel das Amtsgebäude des Gerichtshofes gelegen ist. Für den Sprengel des Landesgerichtes für Strafsachen Wien II ist durch eine solche Verordnung (vom 18. September 1922, BGBl. Nr. 696, in Verbindung mit der Dienstanweisung vom 14. Oktober 1925, JABl. Nr. 32) das Bezirksgericht Döbling zum Strafbezirksgericht für Preßsachen bestimmt worden.

Die ausschließliche Zuständigkeit der besonderen in Wien, Graz und Urfahr bestehenden Jugendgerichte für Jugendsachen geht jedoch der besonderen Zuständigkeit der Bezirksgerichte für Preßsachen vor. Das Strafverfahren gegen einen Jugendlichen wegen einer Preßübertretung gehört daher vor das besondere Jugendgericht und nicht vor das Preßbezirksgericht.

Zu den „den Gerichten zugewiesenen Übertretungen" gehören als „Preßsachen" im Sinne der Überschrift zum fünften Abschnitt und des § 34 nicht nur die im Preßgesetz selbst mit Strafe bedrohten Preßordnungsdelikte, sondern auch die nach den allgemeinen Bestimmungen strafbaren Preßinhaltsdelikte, soweit sie Übertretungen sind, also insbesondere auch alle durch die Presse begangenen Ehrenbeleidigungen (§ 493 StG. in der Fassung der Strafgesetznovelle vom Jahre 1929).

Für Anklagen wegen eines Preßinhaltsdeliktes sind, sofern nicht etwa die Begehung durch Druckwerke die strafbare Handlung zu einem Delikt höherer Ordnung, also etwa aus einer Übertretung zu einem Vergehen macht, wie das z. B. bei der Verbreitung beunruhigender Gerüchte oder bei der Verletzung der Sittlichkeit der Fall ist (§ 310, Abs. 2, § 516, Abs. 2, StG.), dieselben Gerichte sachlich zuständig, vor die die Anklage gehören würde, wenn das Delikt nicht durch die Presse, sondern auf andere Weise begangen worden wäre. Die Sonderbestimmung des Artikels VI des Einführungsgesetzes zur StPO., wonach über Anklagen wegen eines durch den Inhalt einer Druckschrift verübten Verbrechens und Vergehens die Geschwornengerichte zu entscheiden haben, ist durch die Strafgesetznovelle vom Jahre 1929 aufgehoben worden (Art. IX der Novelle).

Die örtliche Zuständigkeit richtet sich in Preßsachen nach den allgemeinen Regeln der StPO., also nach dem Tatort (§ 51 StPO.) oder nach dem Wohnsitz oder Aufenthalt des Beschuldigten oder dem Betretungsort (§ 52 StPO.) usw. Insbesondere gilt auch für Preßsachen die Vorschrift, daß dem Strafgericht, das zuerst von einer im Inland verübten strafbaren Handlung Kenntnis erlangt, das Verfahren wegen dieser Handlung so lange zusteht, bis ein Umstand erhoben ist, der die Zuständigkeit eines andern Gerichtes begründet (§ 53 StPO.). Das Preßgesetz hat daran nichts geändert, sondern bestimmt im § 36 nur, welcher Ort bei Inhaltsdelikten als Tatort anzusehen ist.

„Für alle durch ein Druckwerk[1]) begangenen strafbaren Handlungen gilt als Tatort der Ort, wo das Druckwerk erschienen ist. Ist dieser Ort unbekannt oder liegt er im Ausland, so gilt als Tatort der Ort, wo das Druckwerk verbreitet worden ist. Ist keine dieser Bestimmungen anwendbar" (weil z. B. das Druckwerk überhaupt noch nicht erschienen und das Preßinhaltsdelikt im Versuchsstadium stecken geblieben ist), „so gilt der Druckort als Tatort." „Erschienen" ist ein Druckwerk dort, wo es aus dem Kreis der an der Herstellung beteiligten Personen in die Öffentlichkeit tritt oder wo es zuerst dem größeren Kreis zugänglich wird, in dem es verbreitet werden soll (oben S. 32). „Verbreitet" ist ein Druckwerk überall dort, wo es einem größeren Kreis von Personen zugänglich geworden ist (oben S. 28). Kommen danach mehrere Gerichte in Betracht, so entscheidet nach § 51 StPO. das Zuvorkommen.

II. Beschlagnahme und Verfall.

a) Allgemeines.

Nach den §§ 41 und 42 des Preßgesetzes sind Druckwerke strafbaren Inhaltes, nach § 41 PreßG. auch Druckwerke, in Beziehung auf die eine der Vorschriften der §§ 15, 16 und 20 übertreten worden ist, für verfallen zu erklären. Davon war schon in anderem Zusammenhang die Rede (oben S. 55 ff.). Der Sicherung dieses Verfalles dient die seine Wirkung vorwegnehmende v o r l ä u f i g e B e s c h l a g n a h m e eines Druckwerkes, d. i. die dem Urteil und oft auch der Einleitung des Strafverfahrens vorausgehende Ergreifung und Verwahrung aller im Inland befindlichen, zur Verbreitung bestimmten Exemplare eines bestimmten Druckwerkes durch das Gericht, die Staatsanwaltschaft oder die Sicherheitsbehörde oder genauer: die A n o r d n u n g einer solchen Ergreifung und Verwahrung. Die Zulässigkeit der Beschlagnahme würde sich, auch wenn im Preßgesetz gar nicht davon die Rede wäre, schon

[1]) Gemeint ist: „durch den Inhalt eines Druckwerkes". Auf die Preßordnungsdelikte insgesamt paßt die Wendung jedenfalls nicht. Von der Unterlassung der Ablieferung eines Pflicht- oder Freistückes (§ 20, 21, 22 PreßG.) oder der Unterlassung der Anzeige von einer Veränderung in den Zeitabschnitten des Erscheinens (§ 19) kann man nicht sagen, daß sie „durch ein Druckwerk" begangen werden. Für alle Unterlassungsdelikte dieser Art wird als Tatort der Ort anzusehen sein, wo die Verpflichtung zu erfüllen ist.

aus der Zulässigkeit der Verfallserklärung ergeben. Denn nach den §§ 98 und 143 der Strafprozeßordnung sind Sachen, die dem Verfall unterliegen, vom Untersuchungsrichter in gerichtliche Verwahrung und (falls sie nicht freiwillig herausgegeben werden) in Beschlag zu nehmen, und zwar nötigenfalls durch Hausdurchsuchung. Diese Befugnis hat der Untersuchungsrichter nicht erst nach Einleitung der Voruntersuchung, sondern auch schon vorher (§ 88, Abs. 2, § 89, Abs. 1, StPO.). In dringenden Fällen kann, wie sich aus den §§ 24, 88 und 141 StPO. ergibt, auch die Sicherheitsbehörde, aus eigenen Antrieb oder auf Begehren des Staatsanwaltes, Beweisgegenstände und Sachen, die dem Verfall unterliegen, in Beschlag nehmen. Diese Bestimmungen der Strafprozeßordnung über die Beschlagnahme gelten nach § 34 PreßG. „mit den im folgenden festgesetzten Abweichungen" auch für das Strafverfahren in Preßsachen und damit für die Beschlagnahme von Druckwerken. Die Abweichungen bestehen im wesentlichen darin, daß die Befugnis des Staatsanwaltes und der Sicherheitsbehörde (nicht auch die des Gerichtes) zur Beschlagnahme eingeschränkt und mit verschiedenen besonderen Kautelen umgeben wird, die für die nichtpreßrechtliche Beschlagnahme nicht gelten. Über die Beschlagnahme durch das Gericht enthält das Preßgesetz nur eine einzige die Strafprozeßordnung ergänzende Vorschrift, nämlich die Anordnung, daß das Gericht, wenn es die Beschlagnahme eines Druckwerkes wegen eines als strafbar bezeichneten Inhaltes anordnet, anzugeben hat, welche Stelle den strafbaren Inhalt ergebe und welche strafbare Handlung sie begründe (§ 38 PreßG.).

Sowohl der preßrechtliche Verfall wie die preßrechtliche Beschlagnahme eines Druckwerkes beziehen sich auf die ganze Auflage des betreffenden Druckwerkes. Daraus ergibt sich der wichtige Folgesatz, daß sowohl der Verfall wie die Beschlagnahme eines bestimmten Druckwerkes einen einheitlichen Prozeßgegenstand bilden. Wieviel zur Verbreitung bestimmte Stücke immer vorhanden, auf wieviel Gerichtssprengel sie immer verteilt sein, wie viele Personen immer an der strafbaren Verbreitung mitgewirkt haben und in wieviel selbständigen Prozessen sie auch abgeurteilt werden mögen: über die Beschlagnahme und den Verfall kann immer nur e i n m a l entschieden werden. Ist einmal die Beschlagnahme oder der Verfall ausgesprochen worden und werden hinterher noch weitere zur Verbreitung bestimmte Stücke des Druckwerkes entdeckt, so bedarf es keiner abermaligen Anordnung der Beschlagnahme und keines neuen Erkenntnisses auf Verfall, sondern bloß des Vollzuges der schon getroffenen Entscheidung oder Verfügung.

Ein neuer Antrag auf Anordnung oder Bestätigung einer Beschlagnahme oder auf Verfall ist aber nicht nur dann unzulässig, wenn Beschlagnahme oder Verfall schon angeordnet worden sind, sondern auch dann, wenn in einem früheren, vor demselben oder einem anderen zuständigen Gericht durchgeführten Verfahren der Antrag auf Verfall als unbegründet abgewiesen worden ist. Eine bloße Abweisung des Antrages auf Anordnung oder Bestätigung der Beschlagnahme schließt dagegen nur eine abermalige Entscheidung über die Beschlagnahme, nicht auch — mag sie selbst damit begründet worden sein, daß das Druckwerk keinen strafbaren Inhalt habe — eine Entscheidung über den Verfall aus. Denn die Begründung erwächst nicht in Rechtskraft. Wie eine rechtskräftige frühere Entscheidung macht auch schon die bloße Rechtshängigkeit eines Antrages auf Beschlagnahme oder Verfall einen zweiten solchen Antrag unzulässig.

Zur Hintanhaltung von Doppelentscheidungen, die wegen des im § 36 PreßG. normierten subsidiären Gerichtsstandes der Verbreitung sonst leicht vorkommen könnten, ordnet § 8 des Durchführungserlasses zum Preßgesetze (Erl. vom 18. September 1922, JABl. Nr. 49) an, daß jede vom Staatsanwalt verfügte oder vom Gericht angeordnete Beschlagnahme eines Druckwerkes sogleich der Polizeidirektion in Wien mitzuteilen und daß jede vorläufige Beschlagnahme von Druckwerken wegen einer durch den Inhalt begangenen strafbaren Handlung sowie die Einleitung eines strafgerichtlichen Verfahrens und die gerichtliche Beschlagnahme wegen einer solchen von Amts wegen zu verfolgenden strafbaren Handlung dem Bundesministerium für Justiz anzuzeigen ist. Diese beiden Zentralstellen sind daher in der Lage, Doppelverfolgungen wahrzunehmen und die beteiligten Gerichte darauf aufmerksam zu machen.

b) Die Beschlagnahme im besonderen.

α) Sachlicher Geltungsbereich der Sondervorschriften.

Die wichtigsten Sondervorschriften des Preßgesetzes über die Beschlagnahme, insbesondere die im ersten Absatz des § 37 enthaltenen Beschränkungen, beziehen sich nur auf die Beschlagnahme von Druckwerken durch den Staatsanwalt und die Sicherheitsbehörde, nicht auch auf die Beschlagnahme durch das Gericht. Die Gerichte können daher wegen jeder mit dem Verfall des Druckwerkes bedrohten strafbaren Handlung, insbesondere also wegen jedes Inhaltsdeliktes, und wäre es auch nur eine Übertretung, die Beschlagnahme eines Druckwerkes anordnen, ohne an die besonderen Voraussetzungen des § 37 PreßG. gebunden zu sein (Entscheidung des Obersten Gerichtshofes vom 7. Oktober 1927, SSt VII 83). Die preßgesetzlichen Bestimmungen über die Beschlagnahme beziehen sich ferner nicht auf die Anordnung der Beschlagnahme einzelner Stücke eines Druckwerkes. Wird zum Beispiel jemand strafgerichtlich verfolgt, weil er ein Druckwerk strafbaren Inhaltes öffentlich vorgelesen hat, so kann das zur Vorlesung benutzte Exemplar als Beweismittel auch dann von der Sicherheitsbehörde in Beschlag genommen werden, wenn es sich nicht um eines der im § 37 aufgezählten Delikte handelt. Sie gelten ferner nur für die Beschlagnahme aus Anlaß eines Preßdeliktes. Wenn einem Verleger die ganze Auflage eines neu erscheinenden Druckwerkes gestohlen worden ist, so kann die Polizei ohne weiteres diese im Besitz des Diebes oder Hehlers vorgefundene Gesamtauflage in Beschlag nehmen.

Die Beschlagnahme ergreift, ebenso wie der Verfall, alle zur Verbreitung bestimmten Stücke, wo immer sie sich befinden, wem immer sie gehören mögen. Auch die Post muß die ihr offen zur Beförderung übergebenen Stücke des Druckwerkes herausgeben. Die Bestimmungen über die „Beschlagnahme und Eröffnung von Briefen und anderen Sendungen" (§ 146—149 StPO.) stehen dem nicht entgegen, denn sie beziehen sich nur auf die Beschlagnahme zu Beweiszwecken. Die Organe der Post würden sich durch die Verbreitung eines beschlagnahmten Druckwerkes sogar einer strafbaren Handlung schuldig machen (§ 39 PreßG.). Nur der Post verschlossen übergebene Sendungen sind wegen Art. 10 des Staatsgrundgesetzes vom 21. Dezember 1867, RGBl. Nr. 142[1]), und § 2 des Gesetzes

[1]) Er lautet: „Das Briefgeheimnis darf nicht verletzt und die Beschlagnahme von Briefen, außer dem Falle einer gesetzlichen Verhaftung oder Haussuchung, nur in Kriegsfällen oder auf Grund eines richterlichen Befehles in Gemäßheit bestehender Gesetze vorgenommen werden."

vom 6. April 1870, RGBl. Nr. 42[2]), dem Zugriff der Polizei und des Staatsanwaltes entzogen.

β) Voraussetzungen der Beschlagnahme durch den Staatsanwalt oder die Sicherheitsbehörde.

Nach § 37 PreßG. kann vom Staatsanwalt und an Orten, wo kein Staatsanwalt seinen Sitz hat, auch von der Sicherheitsbehörde ein Druckwerk vorläufig in Beschlag genommen werden:

1. wenn eine der in den §§ 15, 16 und 20 enthaltenen Vorschriften über das Ursprungszeugnis und die Vorlage der Pflichtstücke verletzt worden ist;

2. wenn durch das Druckwerk das Vergehen nach Art. VII, VIII oder IX des Gesetzes vom 17. Dezember 1862, RGBl. Nr. 8 vom Jahre 1863, oder das Vergehen nach § 516 StG. begangen worden ist; also wegen vorzeitiger Veröffentlichung der Anklageschrift oder der Beweisergebnisse in einem Strafverfahren, wegen Erörterungen über den vermutlichen Ausgang eines Strafverfahrens oder den Wert von Beweismitteln vor dem Urteil erster Instanz, wegen Veröffentlichung verbotener Mitteilungen über militärische Operationen oder Gegenstände der Landesverteidigung und wegen gröblicher Verletzung der Sittlichkeit;

3. wenn das Druckwerk zu einem Verbrechen (im engeren Sinn) auffordert, aneifert oder zu verleiten sucht und dringende Gefahr besteht, daß die Verbreitung des Druckwerkes die Verübung des Verbrechens unmittelbar zur Folge haben könnte.

Außer den im Preßgesetz angeführten müssen, damit Staatsanwalt oder Sicherheitsbehörde ein Druckwerk in Beschlag nehmen können, auch noch die allgemeinen Voraussetzungen für die Ausschaltung des Gerichtes vorliegen, wie sie die StPO. aufstellt, also insbesondere Dringlichkeit des Eingreifens, eine Voraussetzung, die bei der Beschlagnahme von Druckwerken und insbesondere von Zeitungen, wo es sich in der Regel um Minuten handelt, wohl immer gegeben sein wird.

[2]) Er lautet: „Die amtliche Beschlagnahme oder Eröffnung von Briefen oder von anderen unter Siegel gehaltenen Schriften darf außer den Fällen der Hausdurchsuchung und der Verhaftung nur auf Grund eines von dem Richter erlassenen Befehles stattfinden. Der Befehl ist den Beteiligten unter Angabe der Gründe ohne Verzug zuzustellen."

γ) Die gerichtliche Bestätigung der vom Staatsanwalt oder von der Sicherheitsbehörde verfügten Beschlagnahme.

Nach dem zweiten Absatz des § 37 bedarf die vom Staatsanwalt oder von der Sicherheitsbehörde verfügte Beschlagnahme der Bestätigung durch das Gericht. Zur Bestätigung bedarf es, auch wenn ein Strafverfahren schon eingeleitet ist, eines besonderen Antrages des Staatsanwaltes (§ 38)[1]). „Wird die Beschlagnahme nicht binnen fünf Tagen nach dem Vollzuge bestätigt, so ist sie erloschen."

Die Beschlagnahme eines Druckwerkes ist eine vorläufige Sicherungsmaßregel im Prozeß, wie die Verhaftung einer eines Verbrechens verdächtigen Person. Die gerichtliche Bestätigung der von der Sicherheitsbehörde oder dem Staatsanwalt verfügten Beschlagnahme steht der Verhängung der ordentlichen Untersuchungshaft über eine von der Sicherheitsbehörde in Verwahrung genommene Person gleich. Das Gericht hat nicht zu prüfen, ob die Beschlagnahme formell gesetzmäßig war, sondern nur, ob sie aufrecht zu bleiben hat. So wie die Untersuchungshaft zu verhängen ist, wenn die dem Gericht eingelieferte Person auch nach ihrer Vernehmung einer strafbaren Handlung verdächtig bleibt (mag diese strafbare Handlung auch ein anderes Delikt bilden als das von der Sicherheitsbehörde angenommene), und wenn einer der Gründe vorliegt, aus denen das Gericht die ordentliche Untersuchungshaft verhängen kann (mag die Polizei die Verwahrungshaft auch aus einem anderen Grund verhängt haben), so hat das Gericht auch bei der Entscheidung über die Bestätigung einer Beschlagnahme nur zu prüfen, ob der Verdacht einer durch das Druckwerk oder in Ansehung des Druckwerkes begangenen strafbaren Handlung vorliegt, auf die der Verfall des Druckwerkes als Folge gesetzt ist (§ 41 PreßG.). Gleichgültig ist es, ob diese strafbare Handlung die in der Beschlagnahmeverfügung des Staatsanwaltes oder der Sicherheitsbehörde angegebene ist oder eine andere und ob sie zu den im § 37 PreßG. aufgezählten gehört oder nicht. Eine Überschreitung ihrer Befugnisse haben der Staatsanwalt und die Sicherheits-

[1]) Dagegen kann der Richter nach Einleitung des Strafverfahrens eine Beschlagnahme auch ohne besonderen Antrag des Staatsanwaltes anordnen (§ 96, 98 StPO.).

behörden selbstverständlich vor ihren vorgesetzten Behörden und eventuell vor dem Strafgericht zu verantworten. Eine solche Überschreitung kann aber die Entscheidung über die Beschlagnahme nicht beeinflussen. Eine Beschlagnahme „bestätigen" heißt: sie „stetig" machen, sie aus einer vorläufigen zu einer rechtsbeständigen machen. Die Nebenbedeutung „für richtig erklären" kommt dem Wort bestätigen nur in einzelnen Verbindungen zu. Auch eine andere Auslegung könnte das Gericht nicht hindern, mit der Verweigerung der „Bestätigung" die eigene Anordnung der Beschlagnahme zu verbinden und auf diese Weise das „Erlöschen" der Beschlagnahme zu verhindern. Denn ein Fehlgriff der Sicherheitsbehörde kann dem Gericht nicht eine Befugnis nehmen, die ihm ohne diesen Fehlgriff zweifellos zukäme. Auch die Vorschrift des § 38, wonach das Gericht in dem die Beschlagnahme bestätigenden Beschluß u. a. anzugeben hat, welche strafbare Handlung der Inhalt begründet — obwohl das schon in der Verfügung des Staatsanwaltes und der Sicherheitsbehörde angegeben sein muß (§ 37, Absatz 1, am Ende) —, spricht dafür, daß sich der bestätigende Beschluß des Gerichtes in diesem Punkte mit der Verfügung der Polizei oder des Staatsanwaltes keineswegs zu decken braucht. Nur insofern ist das Gericht an den Antrag des Staatsanwaltes gebunden, als es die Beschlagnahme nicht wegen einer anderen Stelle des Druckwerkes bestätigen darf als wegen der in dem Antrag bezeichneten (oben S. 62). Die ausdrückliche Vorschrift, daß das Gericht die Stelle anzugeben hat, obwohl sie schon in der Beschlagnahmeverfügung angegeben sein muß, spricht nicht dagegen, da das Gericht die Beschlagnahme auch nur wegen einzelner der beanstandeten Stellen bestätigen kann.

Die Beschlagnahme muß binnen einer Fallfrist von fünf Tagen nach dem Vollzug bestätigt werden, d. h. binnen fünf Tagen, nachdem die Amtshandlung in der Hauptausgabestelle des Druckwerkes beendigt worden ist. Der Beschluß muß binnen dieser Frist gefaßt, er braucht aber nicht auch innerhalb der Frist zugestellt worden zu sein. Noch weniger ist es notwendig, daß der Beschluß innerhalb der Frist rechtskräftig wird. Wird die Bestätigung verweigert und gegen den Beschluß Beschwerde erhoben, so muß der Beschwerde innerhalb der Frist stattgegeben werden, wenn das Erlöschen verhindert werden soll.

Die Bestätigung liegt im Verfahren wegen Übertretungen dem Bezirksgericht, in Verbrechens- und Vergehensfällen dem

Untersuchungsrichter ob. Gegen ihre Entscheidung kann im ersten Fall binnen drei Tagen, im zweiten fristlos Beschwerde erhoben werden. Eine Beschwerde gegen die Bestätigung der Beschlagnahme hat keine aufschiebende Wirkung. Über die Beschwerde entscheidet im ersten Fall der Berufungssenat des Gerichtshofes, im zweiten Fall die Ratskammer. Eine weitere Beschwerde ist unzulässig.

δ) Das Erlöschen der Beschlagnahme.

Wird die Beschlagnahme nicht innerhalb der Frist bestätigt, so „erlischt" sie. Die beschlagnahmten Stücke des Druckwerkes müssen freigegeben werden. Das Gericht ist aber nicht gehindert, die Beschlagnahme von neuem anzuordnen. Selbstverständlich wird durch das Erlöschen der Beschlagnahme auch die Verfolgung des Beschuldigten und die Einleitung des Verfallsverfahrens nicht gehindert.

Auch die vom Gericht bestätigte Beschlagnahme erlischt ferner, „wenn der öffentliche Ankläger nicht spätestens am achten Tage nach der Bestätigung auf Einleitung des Strafverfahrens oder auf Verfallserklärung im selbständigen Verfahren (§ 42) angetragen hat" (§ 37, Abs. 4). Auch hier erlischt natürlich nur die Beschlagnahme und nicht das Recht, die schuldigen Personen zu verfolgen oder das Druckwerk für verfallen zu erklären. Als Antrag auf Einleitung des Strafverfahrens ist im Verfahren vor den Gerichtshöfen nur der Antrag auf Einleitung der Voruntersuchung oder die Einbringung der Anklageschrift anzusehen, nicht auch der Antrag auf Vornahme gerichtlicher Vorerhebungen; im bezirksgerichtlichen Verfahren der Antrag auf gesetzliche Bestrafung (§ 451 StPO.). Daß diesem Antrag innerhalb der Frist auch stattgegeben wird, ist nicht erforderlich.

Die Beschlagnahme erlischt schließlich selbstverständlich auch (sie „wird unwirksam", wie sich das Gesetz im zweiten Absatz des § 40 ausdrückt), sobald ein die Einleitung des Strafverfahrens ablehnender Beschluß des Gerichtes rechtskräftig geworden oder das Verfahren, sei es durch Schuldspruch oder Freispruch, sei es durch Einstellung nach § 109, 213 oder 227 StPO., rechtskräftig beendigt ist (§ 37, Abs. 5, PreßG.).

Die Bestimmungen über das Erlöschen der gerichtlich bestätigten Beschlagnahme müssen, obwohl im Gesetz darüber nichts gesagt ist, auf die vom Gericht vor Einleitung des Strafverfahrens (§ 46, Abs. 2, § 88, 89 StPO.) angeordnete

Beschlagnahme analog angewendet werden, weil sonst der im Ausschußbericht betonte, die Vorschriften über die Beschlagnahme beherrschende gesetzgeberische Gedanke, daß jede Beschlagnahme eines Druckwerkes binnen einer bestimmten Frist durch subjektive Verfolgung eines Schuldigen oder — wenn das nicht möglich ist — wenigstens in einem objektiven Verfahren gerechtfertigt werden muß, nicht verwirklicht wäre.

ε) Die Entschädigung für ungerechtfertigte Beschlagnahme.

Nach § 40 des Preßgesetzes hat „der durch die Beschlagnahme Geschädigte" Anspruch auf Ersatz des erlittenen Schadens,

1. wenn die Beschlagnahme nach § 37, Absatz 3 oder 4, erlischt — also weil die vom Staatsanwalt oder der Sicherheitsbehörde verfügte Beschlagnahme nicht rechtzeitig vom Gericht bestätigt worden ist oder weil der Ankläger nach einer vom Gericht vor der Einleitung des Strafverfahrens bestätigten oder angeordneten Beschlagnahme nicht rechtzeitig die Einleitung des Strafverfahrens oder des Verfallsverfahrens beantragt hat oder weil dieser Antrag abgewiesen und der Beschluß rechtskräftig geworden ist —;

2. wenn rechtskräftig erkannt worden ist, daß der Tatbestand einer strafbaren Handlung nicht vorliegt.

Das Gesetz wollte mit dieser Bestimmung alle denkbaren Fälle treffen, wo sich eine Beschlagnahme als ungerechtfertigt herausstellt; es hat aber den Fall übersehen, wo ein Strafverfahren zwar eingeleitet, aber beendigt wird, ohne daß es zu einer Entscheidung darüber kommt, ob der Tatbestand einer strafbaren Handlung vorliegt. Das geschieht namentlich dann, wenn die eingeleitete Voruntersuchung eingestellt oder der Angeklagte freigesprochen wird, ohne daß sich das Gericht mit der Frage befaßt, ob der Tatbestand einer strafbaren Handlung vorliegt — zum Beispiel wegen Zurechnungsunfähigkeit oder wegen Rücktrittes des Anklägers von der Anklage (§ 109, 259, Z. 2, StPO.) — und ohne daß der Ankläger einen Antrag auf Verfallserklärung stellt. Es ist klar, daß mit der Beendigung des Strafverfahrens auch die Beschlagnahme erlischt. Aber sie erlischt in diesem Fall weder nach § 37, Absatz 3 oder 4, noch wird erkannt, daß keine strafbare Handlung vorliegt. Nach dem Wortlaut des Gesetzes gebührt also in diesen Fällen keine

Entschädigung. Gleichwohl hat das Oberlandesgericht Wien in der Entscheidung vom 27. März 1924, Bs 274/24, dem Herausgeber einer Zeitung, gegen den das Strafverfahren wegen eines Inhaltsdeliktes eingeleitet und später auf Antrag des Anklägers eingestellt worden war, eine Entschädigung zuerkannt, weil es dem Geist des Gesetzes widerspräche, „wenn es in die Hand des Anklägers gegeben wäre, den Ersatzanspruch für die ungerechtfertigte Beschlagnahme ohne jedes gerichtliche Erkenntnis durch den Rücktritt von der Strafverfolgung illusorisch zu machen". Man wird diese Argumentation gelten lassen dürfen, aber doch nur für den Fall, daß die Beschlagnahme wirklich „ungerechtfertigt" war, das heißt, daß der Inhalt der Zeitung wirklich auch objektiv keine strafbare Handlung begründet. Darüber wird nötigenfalls im Entschädigungsprozeß zu entscheiden sein. Denn eine gesetzliche Vermutung, daß die Unterlassung der weiteren Verfolgung in dem Fehlen eines strafbaren Tatbestandes ihren Grund habe, besteht hier nicht. Eine solche Vermutung stellt das Gesetz eben nur für das Erlöschen der Beschlagnahme „nach § 37, Absatz 3 oder 4", auf.

Der Rechtsgrund für die Entschädigung ist, wie bei der Entschädigung für Untersuchungshaft, nicht etwa die Gesetzwidrigkeit der Verfügung, sondern der Umstand, daß sie materiell ungerechtfertigt war. Die Beschlagnahme eines Druckwerkes, das eine üble Nachrede enthält, ist nicht gesetzwidrig; aber sie kann sich hinterher als ungerechtfertigt herausstellen, wenn der Wahrheitsbeweis erbracht wird. Der Rechtsgrund der Entschädigung liegt also darin, daß ein Druckwerk in Beschlag genommen worden ist, obwohl eine strafbare Handlung, die dazu berechtigt hätte, nicht vorlag. Das gilt auch für den Fall des Erlöschens durch Fristablauf. Nur hat das Gesetz hier dem Geschädigten den Beweis erleichtert, indem es aus der Tatsache der Fristversäumnis das Fehlen eines strafbaren Tatbestandes präsumiert. Diese Präsumtion kann nicht als unbedingt unwiderleglich angesehen werden. Trotz Erlöschens der Beschlagnahme durch Fristablauf dürfte keine Entschädigung gebühren, wenn nachträglich durch ein gerichtliches Erkenntnis — etwa ein vom Staatsanwalt erwirktes Strafurteil oder Verfallserkenntnis — ausgesprochen worden ist, daß der Inhalt des in Beschlag genommenen Druckwerkes eine strafbare Handlung begründet. Es wäre ein Widerspruch, wenn die Rechtsordnung für die Beschlagnahme eines Druckwerkes eine Entschädigung gewährte, das nach ihrem eigenen Befehl wegen seines strafbaren Inhaltes für verfallen erklärt werden muß. Man kann auch gar nicht sagen, daß jemand dadurch, daß er gehindert wurde, etwas Verbotenes zu tun, im Rechtssinn einen „Schaden" erlitten habe. Liegt aber kein die gesetzliche Vermutung entkräftendes gerichtliches Erkenntnis vor, so darf das Gericht, das über die Entschädigung für eine nach § 37, Abs. 3 oder 4, PreßG. erloschene Beschlagnahme entscheidet, die Frage, ob die Beschlagnahme nicht vielleicht doch gerechtfertigt war, gar nicht aufwerfen.

Der Entschädigungsanspruch für ungerechtfertigte Beschlagnahme muß bei sonstigem Verlust binnen der Fallfrist von 14 Tagen bei Gericht geltend gemacht werden, nachdem die Beschlagnahme erloschen oder unwirksam geworden ist.

Zum Schadenersatz verpflichtet ist, wenn die Beschlagnahme auf Antrag eines Privatanklägers verfügt worden ist, der Privatankläger, sonst der Bund. Berechtigt, den Ersatz des Schadens zu verlangen, ist „der" (nicht: „jeder") „durch die Beschlagnahme Geschädigte". Wie sich aus diesem Wortlaut ergibt, nimmt das Gesetz an, daß durch die Beschlagnahme immer nur eine Person geschädigt werden könne, und da § 41, Abs. 3, vorschreibt, daß zur Verhandlung über den Antrag auf Verfall bei Zeitungen der Herausgeber und bei anderen Druckwerken der Verleger zu laden ist, darf man wohl annehmen, daß unter dem durch die Beschlagnahme Geschädigten ebenfalls bei Zeitungen der Herausgeber, bei anderen Druckwerken aber der Verleger zu verstehen ist, der Herausgeber natürlich nicht für eigene Rechnung, sondern für Rechnung des Zeitungsunternehmers. Dagegen haben andere Personen, etwa Inserenten, Abonnementen usw. keinen Entschädigungsanspruch.

Zu ersetzen ist der durch die Beschlagnahme „erlittene Schaden". Darunter ist nach dem Sprachgebrauch der österreichischen Gesetze (§ 1323 ABGB.) nur das damnum emergens, nicht auch das lucrum cessans zu verstehen.

Der Anspruch ist vor dem Strafgericht geltend zu machen, und zwar vor dem Strafgericht, bei dem das Verfahren anhängig war oder hätte anhängig gemacht werden sollen, also wenn eine angebliche Übertretung die Beschlagnahme veranlaßt hat, das Bezirksgericht, sonst das Landes- oder Kreisgericht. Der Gerichtshof entscheidet in einem aus drei Berufsrichtern bestehenden Kollegium. Das Gericht erkennt in öffentlicher Verhandlung, zu der der Geschädigte und der Ankläger zu laden sind, durch Beschluß.

Gegen den Beschluß kann von beiden Teilen binnen drei Tagen Beschwerde an den übergeordneten Gerichtshof erhoben werden. Die zweite Instanz entscheidet in beiden Fällen in einem Kollegium von drei Richtern in öffentlicher Verhandlung endgültig.

c) Das Verfallsverfahren.

α) Allgemeines.

Über den Verfall eines Druckwerkes wegen Übertretung der Ordnungsvorschriften über das Ursprungszeugnis und die Pflichtstücke kann nur in Verbindung mit dem Schuldspruch über den Täter oder einen Mitschuldigen, über den Verfall eines Druckwerkes wegen eines Inhaltsdeliktes (und im Falle des § 516 StG. auch über die Unbrauchbarmachung der zur Herstellung des Druckwerkes dienenden Platten und Formen) sowohl in Verbindung mit dem Urteil in dem Verfahren gegen die wegen des Inhaltsdeliktes oder wegen Vernachlässigung der pflichtmäßigen Sorgfalt zur Verantwortung gezogene Person (§ 41 (PreßG.) als auch unter bestimmten Voraussetzungen in einem selbständigen sogenannten objektiven Verfahren erkannt werden, in dem gleichfalls auf Grund einer öffentlichen Hauptverhandlung durch Urteil entschieden wird (§ 42).

In beiden Fällen bedarf es, damit der Verfall ausgesprochen werden könne, eines besondern darauf gerichteten Antrages des Anklägers. Der öffentliche Ankläger ist, wenn die gesetzlichen Voraussetzungen vorliegen, verpflichtet, einen solchen Antrag zu stellen. Es ist nicht in sein Ermessen gestellt, ihn zu stellen oder zu unterlassen. Es gilt auch hier das Legalitätsprinzip (§ 34 StPO.).

In beiden Fällen kommen ferner bestimmten an der Herstellung des Druckwerkes beteiligten Personen — bei Zeitungen dem Herausgeber und bei anderen Druckwerken dem Verleger (nicht auch anderen Personen, vgl. die Entscheidung vom 5. Dezember 1928, SSt VIII 153) — Parteirechte zu. Sie sind, wenn es ausführbar ist, wenn also ihr Aufenthalt bekannt und eine Zustellung möglich ist, zur Hauptverhandlung zu laden. Sie haben in der Hauptverhandlung, wenn sie erschienen oder vertreten sind, und in dem nachfolgenden Verfahren die „Rechte" des Beschuldigten, aber nur, soweit es sich um den Verfall oder die Unbrauchbarmachung handelt. Sie haben also mit dieser Beschränkung Anspruch auf Gehör, können Anträge stellen, Schlußvorträge halten, können Verteidiger beiziehen, das Urteil anfechten usw. Sie können anderseits auch nicht als Zeugen vernommen werden. Nur in folgenden Punkten gehen die Rechte der Verfallsinteressenten, auch in Beziehung auf den sie interessierenden Teil des Prozeßgegenstandes, nicht so weit wie die des Beschuldigten: 1. Sie haben einen Anspruch auf Ladung zur Hauptverhandlung nur, wenn die Ladung ausführbar ist; 2. ihr Ausbleiben steht der Durchführung des Verfahrens in keinem Falle entgegen; 3. sie können gegen ein in ihrer Abwesenheit gefälltes Erkenntnis nicht Einspruch erheben und es beginnt 4. für sie die Frist zur Anmeldung von Rechtsmitteln mit der Verkündung des Urteils, auch wenn sie dabei nicht anwesend waren. Von den Rechtsmitteln, die dem Beschuldigten offen stehen, kommen für sie im Verfahren vor dem Gerichtshof nur die Nichtigkeitsbeschwerde und im Verfahren vor den Bezirksgerichten die Berufung wegen Nichtigkeit und die Berufung wegen des Ausspruches über die Schuld in Betracht. Berufung wegen des Ausspruches über die „Schuld“ können sie z. B. ergreifen, wenn das Bezirksgericht die Frage des Wahrheitsbeweises zugunsten des Privatklägers entschieden hat und nur dadurch zu einem Verfallserkenntnis gelangt ist. Mit der Nichtigkeitsbeschwerde können sie nicht nur einen error in judicando rügen, also z. B. geltend machen, daß das Gericht in dem Inhalt des Druckwerkes mit Unrecht eine strafbare Handlung erblickt hat (§ 281, Z. 9 a, StPO.), sondern auch errores in procedendo, soweit sie auf die Entscheidung über den Verfall von Einfluß waren und mit Nichtigkeit bedroht sind; also z. B. (im objektiven Verfahren) die Abweisung eines Antrages auf Aufnahme von Beweisen darüber, daß die subjektive Verfolgung möglich war.

β) Besonderheiten im subjektiven Verfahren.

Die Zuständigkeit zum Verfahren gegen den Angeklagten begründet immer auch die Zuständigkeit zur Entscheidung über den Verfall. Darum hat das Bezirksgericht, vor dem der verantwortliche Redakteur wegen Vernachlässigung der pflichtmäßigen Sorgfalt angeklagt ist, über den Verfall auch dann zu erkennen, wenn der Inhalt der Zeitung den Tatbestand eines Verbrechens oder Vergehens begründet.

Eine positive Entscheidung über den Antrag auf Verfall ist

— soweit es sich um Inhaltsdelikte handelt — nicht davon abhängig, daß der Angeklagte schuldig gesprochen wird. Es kann sein, daß der Angeklagte wegen Zurechnungsunfähigkeit, Irrtums oder unwiderstehlichen Zwanges oder aus einem andern der Bestrafung entgegenstehenden Grunde freigesprochen werden muß oder daß die Hauptverhandlung gegen ihn nicht zu Ende geführt werden kann, weil sich z. B. seine dauernde Verhandlungsunfähigkeit herausstellt, daß aber der Inhalt des Druckwerkes gleichwohl eine strafbare Handlung begründet. Kann in einem solchen Fall auch keine andere Person verfolgt oder verurteilt werden, so hat das Gericht in dem freisprechenden Erkenntnis oder, wenn es zu einem Urteil über den Täter überhaupt nicht kommt, in einem selbständigen Urteil auf Verfall zu erkennen und die Kosten des Verfahrens den Verfallsinteressenten aufzuerlegen (§ 42, Abs. 2).

Soll dagegen ein Druckwerk für verfallen erklärt werden, weil damit eine der Ordnungsvorschriften der §§ 15, 16 und 20 übertreten worden ist, so kann der Verfall nur in Verbindung mit der Verurteilung des Angeklagten ausgesprochen werden. Wird der Angeklagte, sei es auch aus subjektiven Gründen, freigesprochen, so muß auch der Antrag auf Verfall abgewiesen und das in Beschlag genommene Druckwerk freigegeben werden.

Haben über die Schuld des Angeklagten Geschworne zu erkennen und haben sie die Schuldfrage verneint, so entscheidet über den Verfall der Gerichtshof in Verbindung mit der Geschwornenbank als Schöffengericht mit einfacher Stimmenmehrheit. Auch für die Anfechtung eines von diesem gemischten Kollegium gefällten Erkenntnisses über den Verfall sind nach der Entscheidung des Obersten Gerichtshofes vom 22. Februar 1924, SSt IV 9 die Bestimmungen über die Anfechtung schöffengerichtlicher Urteile maßgebend. Kommt es zu keinem Wahrspruch der Geschwornen, weil z. B. der Gerichtshof den Angeklagten aus einem der im § 317 StPO. aufgezählten Gründe freispricht, so hat der Gerichtshof allein über den Verfall zu entscheiden, ebenso dann, wenn die Geschwornen den Angeklagten schuldig gesprochen haben.

γ) Besonderheiten des objektiven Verfahrens.

Für das selbständige, von der Verfolgung einer bestimmten Person losgelöste Verfallsverfahren ist, wenn es sich um eine

Übertretung handelt, das Bezirksgericht, wenn es sich aber um ein Verbrechen oder Vergehen handelt, der Gerichtshof erster Instanz als Schöffengericht zuständig. Der Gerichtsstand bestimmt sich nach § 36 PreßG. Dieses selbständige Verfahren ist nur wegen einer durch den Inhalt eines Druckwerkes begangenen strafbaren Handlung und nur dann zulässig, „wenn die Verfolgung einer bestimmten Person nicht durchführbar oder ihre Verurteilung wegen des Vorhandenseins von Gründen, die eine Bestrafung ausschließen, nicht möglich ist". Diese Voraussetzung ist nur erfüllt, wenn keine bestimmte Person verfolgt oder verurteilt werden kann. Selbst die Möglichkeit, den verantwortlichen Redakteur wegen Vernachlässigung der pflichtmäßigen Sorgfalt zu verfolgen, schließt das objektive Verfahren aus (Entscheidung des Obersten Gerichtshofes vom 25. November 1927, SSt VII 110). Gleichgültig ist es, ob der Verfolgung tatsächliche oder rechtliche Gründe entgegenstehen (Entscheidung des Obersten Gerichtshofes vom 15. April 1929, SSt IX 40), ob also etwa der Täter gestorben oder geflohen ist oder ob er wegen außerberuflicher Immunität nicht verfolgt werden kann. Unter den Gründen, die eine Bestrafung ausschließen, sind nicht nur die Strafausschließungsgründe (im engeren Sinn) und die Strafaufhebungsgründe, sondern auch alle Schuldausschließungsgründe zu verstehen. Rechtfertigungsgründe, wie z. B. § 31 PreßG., kommen nicht in Betracht, weil sie nicht bloß die Bestrafung des Täters ausschließen, sondern die in dem Druckwerk enthaltene Äußerung selbst zu einer rechtmäßigen machen, so daß von einem strafbaren Inhalt keine Rede mehr sein kann.

Das selbständige Verfallsverfahren wird durch einen Antrag des Anklägers eingeleitet. In dem Antrag muß behauptet werden, daß der Inhalt des Druckwerkes eine bestimmte strafbare Handlung begründe und daß wegen dieser strafbaren Handlung niemand verfolgt oder verurteilt werden kann. Für den öffentlichen Ankläger besteht auch hier Verfolgungszwang. Handelt es sich um ein Antrags- oder Ermächtigungsdelikt, so bedarf es auch im Verfallsverfahren eines Antrages oder der Ermächtigung des Verletzten oder Zustimmungsberechtigten. Der Privatankläger ist auch im selbständigen Verfahren an die Frist des § 530 StG. gebunden, auch im objektiven Verfahren ist das Nichterscheinen des Privatanklägers zur Hauptverhandlung als Rücktritt aufzufassen (§ 46 StPO.).

Auf formgerechten Antrag hat das Gericht eine Hauptverhandlung anzuordnen und durch Urteil zu entscheiden. Die Entscheidung kann eine dreifache sein. Das Gericht kann dem Antrag stattgeben, es kann ihn als unbegründet und es kann ihn als unzulässig abweisen, letzteres dann, wenn es annimmt, daß eine subjektive Verfolgung möglich wäre (Entscheidung des Obersten Gerichtshofes vom 25. November 1927, SSt VII 110). Eine solche Entscheidung steht, da sie keine Sachentscheidung ist, der späteren Geltendmachung des Verfallsanspruches im subjektiven Verfahren nicht entgegen. Die Verfallsinteressenten sind in diesem selbständigen Verfahren Hauptpartei. Wird dem Antrag stattgegeben, so sind sie zum Kostenersatz zu verurteilen (§ 42, Abs. 2). Über die Fassung des Erkenntnisses siehe die Entscheidung des Obersten Gerichtshofes vom 1. März 1929, SSt IX 21.

III. Die prozeßrechtliche Stellung der für die Geldstrafe und die Kosten haftenden Personen.

Darüber, wie die Haftung dritter Personen für Geldstrafen und Kosten im Prozeß festgestellt werden soll und welche Rechte den Haftenden dabei zukommen, enthält das Preßgesetz kein Wort. Diese Lücke kann nur durch Analogie ausgefüllt werden und ist von der Praxis auch so ausgefüllt worden. In den Gründen der Entscheidung vom 5. September 1927, SSt VII 69, hat der Oberste Gerichtshof ausgesprochen, daß bei der Entscheidung über die Haftung nach den §§ 4 und 5 des Preßgesetzes die Vorschriften des dritten Absatzes des § 41 PreßG. über den Verfall sinngemäß anzuwenden sind. Danach ist über die Haftung im Urteil zu erkennen. Die nach dem Gesetz für die Geldstrafe und die Kosten haftenden Personen sind, wenn es ausführbar ist, zur Hauptverhandlung zu laden und haben in der Hauptverhandlung und im nachfolgenden Verfahren, soweit es sich um die Geldstrafe und die Kosten handelt, die Rechte des Beschuldigten. Ihr Ausbleiben steht der Durchführung der Verhandlung und der Urteilsfällung nicht entgegen. Sie können gegen ein in ihrer Abwesenheit gefälltes Urteil keinen Einspruch erheben und die Frist zur Anmeldung von Rechtsmitteln beginnt für sie mit der Verkündung des Urteils, auch wenn sie nicht anwesend waren.

Da die Verhängung und die Höhe der Strafe von der Schuld des Angeklagten und der richtigen Würdigung der Strafzumessungsgründe abhängt, können hier die Haftenden das Urteil in größerem Umfang anfechten als die Verfallsinteressenten. Es steht ihnen insbesondere (natürlich nur im Rahmen des § 283 StPO.) auch die Berufung gegen den Ausspruch über die Strafe zu.

IV. Die Befreiung vom Zeugniszwang.

Nach § 45 PreßG. sind Personen, die an der Herstellung einer Zeitung berufsmäßig mitwirken, in einem Strafverfahren, das wegen des Inhaltes der Zeitung eingeleitet worden ist, von der Verbindlichkeit befreit, als Zeugen auf Fragen zu antworten, die sich auf eine in den allgemeinen Strafgesetzen begründete strafrechtliche Verantwortlichkeit beziehen (§ 29). Die Befreiung gilt nicht für Inserate.

Die Befreiung vom Zeugniszwang gilt also

1. nur in einem Strafverfahren, das wegen des Inhaltes einer Zeitung eingeleitet worden ist,

2. nur für die an der Herstellung dieser Zeitung berufsmäßig Mitwirkenden und

3. nur in Beziehung auf solche Fragen, die sich auf eine in den allgemeinen Strafgesetzen begründete strafrechtliche Verantwortlichkeit beziehen;

4. nicht für Inserate.

1. Im Sinne dieser Bestimmung ist ein Strafverfahren nicht erst dann eingeleitet worden, wenn die Voruntersuchung eingeleitet oder die Anklageschrift eingebracht oder (im bezirksgerichtlichen Verfahren) der Antrag auf gesetzliche Bestrafung gestellt worden ist, sondern auch schon dann, wenn bloß Vorerhebungen gepflogen werden. Auch die Sicherheitsbehörde hat bei ihren Vernehmungen das Redaktionsgeheimnis, soweit es im § 45 PreßG. anerkannt ist, zu respektieren (Art. V EGVG. und § 49, Abs. 1, lit. b AVG.). Als „Strafverfahren" muß im Sinne des § 45 PreßG. auch das selbständige Verfallsverfahren angesehen werden.

Wegen des Inhaltes einer Zeitung ist endlich ein („subjektives") Verfahren nicht nur dann eingeleitet, wenn jemand wegen eines durch die Zeitung begangenen Inhaltsdeliktes als Täter oder Mitschuldiger, sondern auch dann, wenn der verantwortliche Schriftleiter nach § 30 PreßG. verfolgt wird. In einem Strafverfahren wegen eines andern als eines Preßinhaltsdeliktes, z. B. in einem Verfahren wegen eines andern Preßordnungsdeliktes als der Übertretung des § 30, wegen einer an einer bestimmten Person durch einen Zeitungsartikel begangenen Erpressung oder wegen Preßbestechung gilt die Befreiung nicht.

2. An der Herstellung der Zeitung wirken berufsmäßig mit nicht nur der Unternehmer, der Herausgeber, die Redakteure und die für Zeitungen regelmäßig und berufsmäßig tätigen auswärtigen Korrespondenten, sondern auch die in der Redaktion zu untergeordneten Diensten, etwa zur Aufnahme von Diktaten oder zum Abschreiben verwendeten und die in der Administration oder Druckerei berufsmäßig tätigen Personen, dagegen nicht mehr die bloß mit der Expedition der fertigen Zeitungsnummern beschäftigten Organe, denn sie sind nicht mehr an der Herstellung beteiligt, und nicht die gelegentlichen Mitarbeiter.

3. Nur solche Fragen brauchen nicht beantwortet zu werden, die sich auf eine in den allgemeinen Strafgesetzen begründete strafrechtliche Verantwortlichkeit (nicht bloß für den den Gegenstand des Verfahrens bildenden, sondern für jeden in der Zeitung erschienenen Aufsatz) beziehen, also auf die Verantwortlichkeit des Verfassers und seiner Mitschuldigen (§ 7 StG., § 29 PreßG.). Dagegen darf die Antwort auf Fragen nicht verweigert werden, die sich bloß auf die im § 30 begründete Haftung des verantwortlichen Schriftleiters beziehen, also z. B. darauf, wer zum verantwortlichen Schriftleiter bestellt worden ist, ob ihm die zur Versehung dieses Amtes notwendigen Vollmachten eingeräumt worden sind, ob er durch einen unabwendbaren Umstand verhindert war, seinen Dienst zu versehen, usw.

4. „Die Befreiung erstreckt sich nicht auf Inserate." Die Fragen also, wer ein Inserat aufgegeben, wer es zur Veröffentlichung übernommen und wer es eingeschaltet hat, müssen beantwortet werden. Das Wort „Inserat" ist dabei wohl in der technischen engen Bedeutung von geschäftlichen Ankündigungen zu verstehen und keineswegs auf alle „entgeltlichen Ankündigungen und Anpreisungen" im Sinne des § 26 zu beziehen. Die Ausnahme bezieht sich ferner nur auf den Gegenstand der Frage und bedeutet nicht etwa auch, daß Personen, die im Inseratendienst verwendet werden, überhaupt nicht zu den befreiten Personen gehören.

Im Strafverfahren wegen solcher strafbarer Handlungen, die nicht Preßinhaltsdelikte sind, können die an der Herstellung einer Zeitung berufsmäßig mitwirkenden Personen das Zeugnis nur aus den in der Strafprozeßordnung angeführten Gründen verweigern (§ 152, 153, StPO.). Auch für den Zivilprozeß gilt § 45 PreßG. nicht unmittelbar. Doch kann nach § 321, Z. 3, ZPO. jeder Zeuge die Aussage verweigern „in bezug auf Tatsachen, über die er nicht würde aussagen können, ohne eine ihm obliegende staatlich anerkannte Pflicht zur Verschwiegenheit zu verletzen". Nach dieser Bestimmung können die im § 45 PreßG. angeführten Personen die Aussage mit Berufung auf das Redaktionsgeheimnis insoweit verweigern, als dieses Redaktionsgeheimnis „staatlich anerkannt ist". Eine solche staatliche Anerkennung kann aber im § 45 PreßG. nur insoweit gefunden werden, als die Lüftung des Redaktionsgeheimnisses jemand der Gefahr aussetzen würde, wegen eines in der Zeitung (und zwar nicht in einem Inserat) begangenen Inhaltsdeliktes strafrechtlich als Täter oder Mitschuldiger zur Verantwortung gezogen zu werden.

C. Die Vorschriften gegen die Preßbestechung.

Das Preßgesetz selbst enthält — abgesehen von der schon in anderem Zusammenhang (S. 90 f.) besprochenen Strafdrohung gegen verschleierte entgeltliche Ankündigungen, die sich weniger gegen die Entgeltlichkeit gewisser Mitteilungen, als gegen die Verheimlichung der Entgeltlichkeit richtet — nur eine hieher gehörige Bestimmung, und zwar eine solche zivilrechtlichen Inhaltes. Nach § 27 hat, wer einen Vermögensvorteil angenommen hat, um zu bewirken, daß in einer Zeitung etwas veröffentlicht oder nicht veröffentlicht werde, den Vorteil dem Leistenden auf dessen Verlangen zurückzuerstatten, „wenn es den guten Sitten widerspricht, Veröffentlichungen solcher Art gegen Entgelt zu bewirken oder zu unterlassen". Der Anspruch „erlischt" drei Jahre nach Leistung des Vermögensvorteils und kann gegen die Erben des Empfängers nur geltend gemacht werden, soweit sie bereichert sind.

Da Verträge, die gegen die guten Sitten verstoßen, nach § 879 ABGB. ohnedies nichtig sind und das auf Grund eines ungültigen Vertrages Geleistete (mit gewissen hier nicht in Betracht kommenden Einschränkungen) schon nach allgemeinen Grundsätzen zurückgefordert werden kann, ist die Sonderbestimmung des Preßgesetzes ihrem Hauptinhalt nach überflüssig, in Beziehung auf die Verjährungszeit aber und die Beschränkung der Haftung der Erben ohne Rücksicht auf ihre Redlichkeit, gegenüber den allgemeinen Vorschriften ein privilegium favorabile.

Außerhalb des Preßgesetzes finden sich im österreichischen Recht zwei Strafdrohungen gegen die Preßbestechung: die eine in dem Gesetz vom 4. Jänner 1903, RGBl. Nr. 10, über den sogenannten Getreideterminhandel und die andere in der Strafgesetznovelle vom Jahre 1929.

Nach § 20 des zuerst genannten Gesetzes wird wegen Vergehens mit strengem Arrest von drei Tagen bis zu drei Monaten, womit eine Geldstrafe bis zu 25 000 S verbunden werden kann (und Ausschluß vom Börsenbesuch ex lege verbunden ist, § 22) bestraft,

„1. wer für eine Mitteilung in der Presse, durch welche auf den Börsepreis von Getreide oder Mühlenfabrikaten eingewirkt werden soll, einen Vorteil gewährt oder verspricht oder sich gewähren oder versprechen läßt, der in einem auffälligen Mißverhältnis zur Leistung steht;

2. wer sich für die Unterlassung einer wahren Mitteilung" (scil. in der Presse) „über einen für die Bildung des Börsepreises von Getreide und Mühlenfabrikaten wesentlichen Umstand einen Vorteil gewähren oder versprechen läßt".

In Z. 1 ist sowohl die aktive wie die passive, in Z. 2 nur die passive Bestechung mit Strafe bedroht. Der Bestecher bleibt hier straflos und kann auch nicht als Anstifter zur passiven Bestechung bestraft werden (notwendige Teilnahme). Der passiven Bestechung macht sich schuldig, wer sich einen Vorteil gewähren oder versprechen läßt, nicht auch schon, wer ihn bloß verlangt. In der Z. 1 ist nur das Gewähren, Versprechen, Annehmen oder Sichversprechenlassen eines auffällig unverhältnismäßigen Vorteiles mit Strafe bedroht, nach der Z. 2 genügt jeder Vorteil. Bei der Unterdrückung muß es sich um eine wahre Mitteilung handeln. Bei der Veröffentlichung kommt es auf Wahrheit oder Unwahrheit nicht an. Unter der „Presse" ist nur die periodische Presse zu verstehen. Als Täter kommen bei der passiven Bestechung nur Personen in Betracht, die vermöge ihrer Stellung in einem Zeitungsunternehmen die Aufnahme oder Unterdrückung von Mitteilungen bewirken können, denn nur sie können „leisten" oder „unterlassen", nicht auch Mittelspersonen. Das Delikt kann, obgleich im Gesetz selbst darüber nichts gesagt ist, als offenbares Bestechungsdelikt wohl nur vorsätzlich begangen werden.

Art. IV der Strafgesetznovelle vom Jahre 1929 aber bestimmt: „Wer für sich oder einen andern einen unrechtmäßigen Vermögensvorteil verlangt, sich versprechen läßt oder annimmt, damit in einer Zeitung eine bestimmte Mitteilung tatsächlicher Art nicht veröffentlicht werde, wird, wenn sich darin nicht eine schwerer verpönte strafbare Handlung darstellt, wegen Vergehens mit strengem Arrest von drei Monaten bis zu einem Jahr bestraft".

Mit Strafe bedroht ist also nur die passive Bestechung. Täter kann nicht bloß ein Zeitungsunternehmer, Herausgeber oder Redakteur, sondern jedermann sein, auch wer sich dafür bezahlen läßt, daß er einer Zeitung eine bestimmte Mitteilung nicht zukommen läßt, oder wer es übernimmt, gegen Entgelt auf eine Zeitung einzuwirken, „damit eine bestimmte Mitteilung tatsächlicher Art nicht veröffentlicht werde". Darüber hinaus ist die Anstiftung als „notwendige Teilnahme" straflos. Strafbar wird aber nur, wer einen unrechtmäßigen Vermögensvorteil verlangt, sich versprechen läßt oder annimmt. Unrechtmäßig ist der Vermögensvorteil dann, wenn der Fordernde keinen Anspruch darauf hat und auch durch die Einwilligung des anderen Teiles keinen Anspruch darauf erwerben könnte, m. a. W. dann, wenn es einem ausdrücklichen Verbot der Rechtsordnung oder doch den guten Sitten widerspricht, die Unterdrückung der Mitteilung von einem Vermögensvorteil abhängig zu machen (§ 27 PreßG.). Dagegen ist es kein unrechtmäßiger Vermögensvorteil, wenn etwa ein Schriftsteller einem Zeitungsunternehmen, dem er einen Reisebericht zur Veröffentlichung überlassen hat, für den Rücktritt vom Vertrag einen bestimmten Betrag verspricht oder wenn sich ein Rechtsanwalt von seinem Klienten dafür entlohnen läßt, daß er in seinem Interesse bei einer Zeitung interveniert, damit ein Bericht über eine Gerichtsverhandlung nicht erscheine. Auch der Gerichtssaalreporter, der bloß eine billige Entschädigung für den ihm durch die Unterlassung der Berichterstattung entgangenen Verdienst begehrt, verlangt noch keinen unrechtmäßigen Vermögensvorteil, wohl aber würde er sich bereits strafbar machen, wenn er mehr begehrte, als ihm der Bericht eingetragen hätte.

Der Vermögensvorteil muß für die Unterdrückung von Mitteilungen tatsächlicher Art verlangt, versprochen oder gegeben worden sein. Wer sich eine ungünstige Kritik abkaufen läßt, fällt nicht unter die Strafdrohung, kann aber wegen Erpressung strafbar sein.

Die Strafdrohung des Art. IV ist eine subsidiäre. Sie findet keine Anwendung, wenn die Tat nach einer strengeren Bestimmung bestraft werden kann. Eine solche strengere Bestimmung ist insbesondere die im § 98 des Strafgesetzes enthaltene Strafdrohung gegen die Erpressung. Wenn sich also die zu unterdrückende Mitteilung als eine Verletzung an (Körper, Freiheit) Ehre oder Eigentum darstellt und für die Unterdrückung (ausdrücklich oder durch konkludente Handlungen) eine Entschädigung verlangt, also mit der Verletzung „in der Absicht" gedroht wird, „von dem Bedrohten eine Leistung zu erzwingen", so ist der Täter nicht nach Art. IV der Strafgesetznovelle, sondern wegen Verbrechens der Erpressung strafbar.

Die Strafdrohung des § 20 des Gesetzes über den Getreideterminhandel steht zu der des Art. IV der Strafgesetznovelle vom Jahre 1929 im Verhältnis der Spezialität, schließt daher die Anwendung dieses Artikels auf die Unterdrückung von wahren Mitteilungen über einen für die Bildung des Börsepreises von Getreide und Mühlenfabrikaten wesentlichen Umstand aus. Das Verlangen eines Vermögensvorteils für die Unterlassung solcher Mitteilungen bleibt nach wie vor straflos.

Dagegen wird die Anwendung des Art. IV der Strafgesetznovelle nicht dadurch ausgeschlossen, daß die Handlung auch nach § 7, lit. c, des Preistreibereigesetzes[1]) strafbar ist. Denn dieses Vergehen kann nach dem Tatbestand auch durch Annahme eines Vermögensvorteiles für andere Handlungen oder Unterlassungen als die Unterlassung von Zeitungsmitteilungen begangen werden. Aus demselben Grund gehört seine Darstellung nicht in diesen Zusammenhang.

Die Bestechungsdelikte sind keine Preßdelikte, Anklagen wegen Preßbestechung keine Preßsachen. Es gilt daher für sie keine der materiellrechtlichen und prozessualen Besonderheiten,

---

[1]) Eines Vergehens macht sich schuldig

. . . .

c) wer für eine Handlung oder Unterlassung, durch die künstlich der Preis von Bedarfsgegenständen gesteigert oder das Sinken des Preises verhindert oder ein solcher Erfolg gefördert werden soll, einen Vermögensvorteil gewährt, verspricht oder sich oder einem andern gewähren oder versprechen läßt;

. . . .

die in den Abschnitten A und B dieses Kapitels dargestellt worden sind.

VI. Kapitel.

Verschiedene mit dem Preßrecht zusammenhängende Materien.

Dem Plan der Sammlung entsprechend sollen hier noch einige Rechtsmaterien dargestellt werden, die zwar nicht zum Preßrecht in dem auf S. 11 dargelegten Sinn gehören, aber doch für den Zeitungsbetrieb und den Verkehr mit Druckwerken überhaupt von Bedeutung sind. Es sind das 1. die Belastung der Presse durch ihre Heranziehung zu öffentlichen Zwecken und durch besondere Abgaben, 2. der Nachrichtenschutz, 3. das Journalistenrecht und 4. der Schutz der Zeitungen gegen Beleidigungen.

I. Die Presse im Dienst öffentlicher Zwecke und als Steuerobjekt.

a) Nach § 21 des Preßgesetzes hat von jedem Druckwerk, das im Inland erscheint, der Verleger und von jedem Druckwerk, das im Ausland erscheint, aber im Inland gedruckt wird, der Drucker innerhalb acht Tagen nach dem Beginn der Verbreitung ein Freistück an die Nationalbibliothek in Wien und ein Freistück an die Universitäts- und Landesbibliothek zu liefern, die durch Verordnung dazu bestimmt wird.

Druckwerke, die nur dem Verkehr, dem häuslichen oder geselligen Leben oder gewerblichen Zwecken dienen (oben S. 25), ferner Stimmzettel und Angaben über den Wahlvorgang sind von dieser gesetzlichen Verpflichtung befreit.

Durch Verordnung kann jedoch die Ablieferung bestimmter befreiter Druckwerke (von dieser Ermächtigung ist bis jetzt allerdings kein Gebrauch gemacht worden), ferner aber auch die Ablieferung von weiteren Freistücken aller oder bestimmter Druckwerke angeordnet werden. Die Zahl der Freistücke darf aber insgesamt bei Zeitungen nicht mehr als 10 und bei andern Druckwerken nicht mehr als 5 betragen.

Für Druckwerke, deren Ladenpreis 36 S übersteigt, ist der halbe Ladenpreis zu vergüten, wenn sie nicht binnen einem Monat zurückgestellt werden. Bei Werken, die aus mehreren Teilen bestehen, ist eine Vergütung nur dann zu leisten, wenn der Ladenpreis des kleinsten einzeln verkäuflichen Werkteiles den angegebenen Betrag übersteigt.

Das Wort „Druckwerk" kann in diesem Zusammenhang nicht in dem weiten Sinn verstanden werden, der der Definition des Druckwerkes im § 2 des Preßgesetzes entspricht. Das Gesetz bezweckt offenbar nur die Dotierung der öffentlichen Büchereien mit Druckwerken solcher Art, wie sie in diesen Büchereien gesammelt zu werden pflegen. Von Grammophonplatten, mit Bildern bedrucktem Kattun, Kinofilmen und ähnlichen Dingen braucht daher kein Freistück abgeliefert zu werden.

Die ursprünglich im § 21 enthaltene Bestimmung, daß die Zusendung der Freistücke portofrei ist, ist durch das Portofreiheitsaufhebungsgesetz vom 20. Dezember 1924, BGBl. Nr. 462, aufgehoben worden. Doch können nach § 4 der Durchführungsverordnung vom 26. Jänner 1925, BGBl. Nr. 41, Drucksachensendungen an Dienststellen des Bundes, der Länder, Bezirke und Gemeinden nichtfreigemacht aufgegeben werden, wenn die Sendung ausschließlich oder überwiegend das von der empfangenden Dienststelle vertretene Interesse betrifft.

Die Zahl der abzuliefernden Freistücke wurde durch die Verordnung vom 26. September 1922, BGBl. Nr. 716, für Zeitungen mit 10 Exemplaren, für die übrigen Druckwerke mit 5 Stücken festgesetzt. Die Verteilung dieser Stücke auf die verschiedenen Bezugsstellen ergibt sich aus dem im Anhang abgedruckten Text dieser Verordnung.

Die Verpflichtung zur Ablieferung der Freistücke steht unter der Sanktion der von den Gerichten zu handhabenden oben S. 77 erörterten Strafdrohung.

b) Die Pflicht der Zeitungen zur Veröffentlichung gerichtlicher Entscheidungen, auf deren Veröffentlichung das Gericht erkannt hat, ist schon im Zusammenhang mit der dazugehörigen Strafdrohung besprochen worden (oben S. 88). Außer gerichtlichen Entscheidungen, auf deren Veröffentlichung das Gericht erkannt hat, haben die Zeitungen nach § 244 a des Personalsteuergesetzes (in der Fassung der Textverordnung vom 5. August 1924, BGBl. Nr. 307) und § 36 der Warenumsatzsteuerverordnung vom 27. Dezember 1923, BGBl. Nr. 640, auch Straferkenntnisse der Steuerbehörden wegen Steuerhinterziehung und Steuerverheimlichung zu veröffentlichen, auf deren Veröffentlichung die Steuerbehörde erkannt hat. Diese Verpflichtung steht aber nicht unter der Sanktion des § 25 PreßG.

Ihre Erfüllung kann nur durch Ordnungsstrafen erzwungen werden (§ 250 des Personalsteuergesetzes und § 41 der Warenumsatzsteuerverordnung).

c) Eine besondere Belastung für die in der Herstellung oder Verbreitung von Druckwerken bestehende Erwerbstätigkeit bilden zwei in den meisten Ländern eingeführte Abgaben: die Plakatabgabe und die Inseratenabgabe. Die Plakatabgabe wird eingehoben von allen „öffentlichen Ankündigungen in Schrift oder Bild" (neuestens auch von öffentlichen Ankündigungen „durch Wiedergabe des gesprochenen Wortes"), „die" innerhalb des Geltungsgebietes des einzelnen Gesetzes „an öffentlichen Straßen und Plätzen oder in öffentlichen Räumen (Theatern, Kinos, Gast- und Kaffeehäusern u. dgl.) angebracht, ausgestellt oder vorgenommen, insbesondere auch durch Lichtwirkungen hervorgebracht werden".

Befreit sind außer den Ankündigungen des Bundes, der örtlichen Gebietskörperschaften und der gesetzlich anerkannten Kirchen und Religionsgesellschaften, sowie den Wahl- und Versammlungsplakaten nur Firmenschilder und andere Aufschriften an der eigenen Betriebsstätte oder den Waren oder Betriebsmitteln des Ankündigenden selbst, vereinzelt auch Ankündigungen öffentlicher Verkehrsunternehmungen oder in den Fahrzeugen öffentlicher Verkehrsunternehmungen sowie Ankündigungen von Vereinen zur Förderung des Fremdenverkehres.

Die Höhe der Abgabe beträgt für entgeltliche Ankündigungen 20 bis 100 Prozent des Entgeltes, für andere eine nach dem Flächenmaße der Ankündigung abgestufte feste Gebühr. In manchen Gesetzen ist die Abgabe für alle Ankündigungen ohne Unterschied nach dem Flächenmaß oder auch ohne Rücksicht auf dieses absolut bestimmt.

Abgabenpflichtig ist meist, wenn die Ankündigung durch ein gewerbsmäßig betriebenes Plakatierungsunternehmen verbreitet wird, das Plakatierungsinstitut, sonst der Ankündigende.

Eine solche Ankündigungsabgabe ist eingeführt in Wien (Gesetz vom 2. Dezember 1921, LGBl. Nr. 142, und Gesetz vom 20. Dezember 1929, LGBl. Nr. 5 vom Jahre 1930), Niederösterreich (Gesetz vom 21. März 1927, LGBl. Nr. 83), Oberösterreich (Gesetz vom 23. Dezember 1925, LGBl. Nr. 37 vom Jahre 1926, und vom 17. Juni 1930, LGBl. Nr. 23, für Linz, Gesetz vom 23. Dezember 1925, LGBl. Nr. 33, und vom

26. Oktober 1927, LGBl. Nr. 41, für Steyr, Gesetz vom 21. Juni 1929, LGBl. Nr. 41, für St. Ulrich bei Steyr und Gesetz vom 7. Juni 1930, LGBl. Nr. 25, für Ried), Steiermark (Gesetz vom 13. September 1923, LGBl. Nr. 10, und ein besonderes Gesetz für Graz vom 8. April 1921, LGBl. Nr. 204, abgeändert durch die Gesetze vom 21. Dezember 1922, LGBl. Nr. 27 vom Jahre 1923, und vom 27. Juli 1927, LGBl. Nr. 59), Kärnten (Gesetz vom 2. Juni 1921, LGBl. Nr. 14 vom Jahre 1922, und vom 4. Juli 1930, LGBl. Nr. 40), Salzburg (Gesetz vom 28. Februar 1923, LGBl. Nr. 51, für die Stadt Salzburg), Tirol (Gesetz vom 11. März 1926, LGBl. Nr. 24), und Vorarlberg (Gesetz vom 15. März 1926, LGBl. Nr. 18, für Bregenz).

Mit Ausnahme der für Wien und für einzelne Orte erlassenen Gesetze sind die angeführten Gesetze nur Ermächtigungsgesetze. Die Abgabe wird dann nur in den Gemeinden eingehoben, die von der Ermächtigung, sie einzuführen, Gebrauch gemacht haben.

Die Inseratenabgabe wird eingehoben von „Anzeigen, die in die“ (im Geltungsgebiet der einzelnen Gesetze erscheinenden) „Zeitungen, Zeitschriften oder sonstigen“ (in diesem Gebiet) „in regelmäßigen oder unregelmäßigen Fristen oder auch nur einmal erscheinenden, durch Druck oder andere mechanische oder chemische Mittel vervielfältigten Blätter, Schriften oder Druckwerke gegen Entgelt aufgenommen oder mit solchen ausgesendet oder verbreitet werden“. Vereinzelt ist die Abgabepflicht beschränkt auf Anzeigen in Zeitungen oder in anderen Druckwerken bestimmter Art. Ob es sich um eine Einschaltung in einem besondern Inseratenteil oder im Text der Druckschrift handelt, ob diese Einschaltung die Form eines Inserates oder eines Aufsatzes, einer Notiz oder dgl. hat, ob sie als Inserat kenntlich gemacht ist oder nicht, und ob das Entgelt für den einzelnen Fall oder in der Form eines Pauschales entrichtet wird, macht keinen Unterschied. Befreit sind nur Anzeigen, die von Ämtern des Bundes oder der örtlichen Gebietskörperschaften in die amtlichen Blätter eingerückt werden.

Abgabepflichtig ist der Unternehmer, der die Veröffentlichung oder Verbreitung besorgt, bei Büchern der Verleger, bei Zeitungen auch der Herausgeber, bei Inseraten, die in einem einer Annoncenagentur gegen festes Entgelt überlassenen Anzeigenteil erscheinen (soweit das von ihr eingehobene Entgelt den von ihr bezahlten festen Preis übersteigt), auch die Annoncenagenturen.

Die Höhe der Abgabe richtet sich nach der monatlichen Inseratengebührensumme, ist nach Prozenten dieser Summe bemessen und steigt mitunter progressiv mit der Höhe dieser Summe. Für die im Kleinen Anzeiger erscheinenden Arbeits- und Stellengesuche gilt ein besonderer, niedrigerer Satz.

Eine solche Inseratenabgabe ist eingeführt in Wien (Gesetz vom 20. Dezember 1923, LGBl. Nr. 11 vom Jahre 1924, und Gesetz vom 20. Dezember 1929, LGBl. Nr. 6 vom Jahre 1930), Mödling (nö. Landesgesetz vom 29. November 1922, LGBl. Nr. 1 vom Jahre 1923), Linz (oö. Landesgesetz vom 23. Dezember 1925, LGBl. Nr. 37 vom Jahre 1926 und Gesetz vom 21. Juni 1929, LGBl. Nr. 35), in der Stadt Salzburg (salzburgisches Landesgesetz vom 28. Februar 1923, LGBl. Nr. 51) und in Graz (steiermärkisches Landesgesetz vom 28. Juli 1924, LGBl. Nr. 78).

II. Der Nachrichtenschutz.

Nackte Tatsachenberichte stehen, da sie bloß Stoff und nicht eigenartige geistige Schöpfungen sind, nicht unter dem Schutz des Urheberrechtes. Darum dürfen nach § 26, Abs. 3, des österreichischen Urheberrechtsgesetzes[1]) „vermischte Nach-

---

[1]) Vom 26. Dezember 1895, RGBl. Nr. 197, in der Fassung der Novelle vom 13. Juli 1920, StGBl. Nr. 325; Textverordnung vom 31. August 1920, StGBl. Nr. 417.

„§ 26: (1) Einzelne in einer Zeitung veröffentlichte Artikel dürfen in einer andern Zeitung abgedruckt werden, wenn sie nicht mit einem besonderen ausdrücklichen Vorbehalte versehen worden sind und wenn bei dem Abdruck der Sinn nicht entstellt wird. Bei dem Abdruck ist die Quelle deutlich anzugeben.

. . . (3) Vermischte Nachrichten und Tagesneuigkeiten, die sich lediglich als einfache Mitteilungen darstellen, dürfen aus Zeitungen und Zeitschriften abgedruckt werden.

§ 27. Die zur Aufnahme in Zeitungen oder Zeitschriften gesammelten vermischten Nachrichten und Tagesneuigkeiten werden, solange sie nicht veröffentlicht sind, wie Werke der Literatur geschützt, auch wenn sie sich lediglich als einfache Mitteilungen darstellen.

§ 45. (1) Einer Übertretung macht sich schuldig: . . .

6. wer zur Aufnahme in Zeitungen oder Zeitschriften gesammelte

richten und Tagesneuigkeiten, die sich lediglich als einfache Mitteilungen darstellen, aus Zeitungen und Zeitschriften" (wo immer) „abgedruckt werden". Auch durch einen besonderen Vorbehalt können sie dagegen nicht geschützt werden.

V o r der Veröffentlichung aber hat der Sammler solcher Nachrichten und Tagesneuigkeiten ein schutzwürdiges Interesse daran, nicht um die Früchte seiner Arbeit gebracht zu werden. Darum bestimmt § 27 des österreichischen Urheberrechtsgesetzes, daß die zur Aufnahme in Zeitungen oder Zeitschriften gesammelten vermischten Nachrichten und Tagesneuigkeiten, solange sie nicht veröffentlicht sind, w i e Werke der Literatur geschützt werden, auch wenn sie sich lediglich als einfache Mitteilungen darstellen. Da sie aber in Wahrheit doch keine Werke der Literatur sind, bildet die unbefugte Veröffentlichung solcher einfacher Mitteilungen nicht das strenger strafbare Vergehen des Eingriffes nach § 44 des Urheberrechtsgesetzes, sondern sie wird nach Z. 6 des § 45 von den Gerichten bloß als Übertretung mit Geldstrafe bis zu 2500 S bestraft.

Der Schutz endet mit der „Veröffentlichung". Darunter ist nicht nur die bestimmungsmäßige Veröffentlichung durch eine Zeitung oder Zeitschrift zu verstehen, sondern auch jede andere rechtmäßige Veröffentlichung. Auch wenn die Nachrichten zum Beispiel vom Sammler durch den Rundfunk verbreitet worden sind, sind sie veröffentlicht und weiterhin schutzlos. Das gilt selbst dann, wenn sie nicht durch den allgemeinen Rundfunk, sondern etwa auf einer besonderen Welle durch eine Privatunternehmung gesendet worden sind, da auch einen solchen Funkspruch jeder Besitzer eines geeigneten Apparates vernehmen kann.

Nun bedienen sich aber viele Korrespondenz- und Nachrichtenbüros gerade des Rundfunkes, um die von ihnen gesammelten Nachrichten den bei ihnen abonnierten Zeitungen zukommen zu lassen. Zu ihrem Schutz verpflichtet Artikel 5 des internationalen Radiotelegraphenvertrages die vertragschließenden Regierungen, die Maßnahmen zu ergreifen oder ihren

---

vermischte Nachrichten oder Tagesneuigkeiten, die sich als einfache Mitteilungen darstellen, unbefugt veröffentlicht.

(2) Die Strafe ist mit Geld bis 2500 S zu bemessen.

§ 47 (1) Zum Verfahren über die im § 45 bezeichneten Übertretungen sind die in Preßsachen zuständigen Gerichte berufen. . . ."

gesetzgebenden Körperschaften vorzuschlagen, die erforderlich sind „pour réprimer la publication ou l'usage, sans autorisation, de correspondances reçues à l'aide d'installations radioélectriques". Österreich hat diesen Vertrag ratifiziert (BGBl. Nr. 8 vom Jahre 1929). Die Anpassung der innerstaatlichen Gesetzgebung an die angeführte Vertragsbestimmung ist im Zuge.

Keinen ausreichenden Schutz gewährt § 26 des Telegraphengesetzes vom 18. Juli 1924, BGBl. Nr. 263, nach dessen Z. 4 von der Telegraphenbehörde mit Geldstrafe bis zu 600 S oder mit Arrest bis zu einem Monat bestraft wird, „wer unbefugt auf einer vom Bunde bewilligten drahtlosen Empfangsanlage eine von einer öffentlichen Telegraphenanstalt ausgehende oder an sie gerichtete Nachricht auffängt und die aufgefangene Nachricht verwertet".

III. Das Journalistenrecht.

Auf das Dienstverhältnis zwischen Journalisten und Zeitungsunternehmungen findet zunächst das allgemeine Angestelltengesetz vom 11. Mai 1921, BGBl. Nr. 292, Anwendung. Unter dieses Gesetz fallen alle „Personen, die im Geschäftsbetriebe eines Kaufmannes" oder bestimmter anderer Unternehmungen, Anstalten oder sonstiger Dienstgeber „vorwiegend zur Leistung kaufmännischer oder höherer nicht kaufmännischer Dienste oder zu Kanzleiarbeiten angestellt sind, sofern das Dienstverhältnis die Erwerbstätigkeit des Angestellten hauptsächlich in Anspruch nimmt". Zu den andern Unternehmungen gehören nach dem Art. I, § 2, Z. 3, auch „die Schriftleitung, Verwaltung und der Verschleiß einer periodischen Druckschrift". Außerdem gilt aber „für alle mit der Verfassung des Textes oder mit der Zeichnung von Bildern betrauten Mitarbeiter einer Zeitungsunternehmung, die mit festen Bezügen angestellt sind und diese Tätigkeit nicht bloß als Nebenbeschäftigung ausüben (Redakteur, Schriftleiter)", noch ein besonderes Journalistengesetz vom 11. Februar 1920, StGBl. Nr. 88, dessen Bestimmungen nach der ausdrücklichen Vorschrift des Art. VII des späteren Angestelltengesetzes unberührt geblieben sind, „sofern sie für die Redakteure (Schriftleiter) günstiger sind" als die Bestimmungen des Angestelltengesetzes. Nur dieses Sonderrecht der Redakteure soll hier dargestellt werden. Es gilt für einen engeren Personenkreis als das Angestelltengesetz, es gilt nach der ausdrücklichen Vorschrift des § 1 JG. nur für Redakteure, nicht auch für Angestellte einer Zeitungsunternehmung, die bloß zu administrativen oder technischen Diensten verwendet werden. Sie müssen überdies „mit festen Bezügen" angestellt werden. Ein Redakteur, der bloß Zeilenhonorar erhält, genießt also nicht die besonderen Privilegien des JG. Ebenso wie das Angestelltengesetz setzt endlich auch das JG. voraus, daß der Redakteur „angestellt", dauernd verpflichtet und dem Geschäftsorganismus des Unternehmens eingegliedert ist und daß sein Dienst für das Zeitungsunternehmen seine Erwerbstätigkeit hauptsächlich in Anspruch nimmt, daß er ihn nicht bloß als „Nebenbeschäftigung" versieht.

Die besondern den Redakteuren eingeräumten Begünstigungen betreffen 1. den Urlaub, 2. die Kündigungsfristen und 3. besondere für den Fall der Veräußerung oder Auflassung einer Zeitungsunternehmung oder des Wechsels der von der Zeitung eingehaltenen politischen Richtung eingeräumte Rechte. Die Sonderbestimmungen der §§ 5 bis 7 des JG. über die Invaliditäts- und Altersversorgung der Redakteure sind durch das allgemeine Angestelltenversicherungsgesetz vom 29. Dezember 1926, BGBl. Nr. 388 (neu verlautbart durch die Textverordnung vom 22. August 1928, BGBl. Nr. 232), das auch auf Journalisten Anwendung findet, aufgehoben worden.

a) Nach § 3 hat der Redakteur Anspruch auf einen bezahlten jährlichen Urlaub von mindestens einem Monat, nach mehr als zehnjähriger Dauer des Arbeitsverhältnisses auf einen solchen von 1½ Monaten. Eine mindestens sechsmonatige Vordienstzeit bei einer anderen inländischen Zeitungsunternehmung und die normale Dauer etwa absolvierter Hochschulstudien sind (beide bis zum Höchstmaß von 5 Jahren) in diese Frist nach § 17 des Angestelltengesetzes einzurechnen.

b) Nach § 4 muß „die Kündigungsfrist mindestens drei Monate betragen". Sie erhöht sich nach fünfjähriger ununterbrochener Dauer des Arbeitsverhältnisses mit jedem Jahre um einen Monat bis zum Höchstausmaß von einem Jahr. Seit dem Angestelltengesetz gelten diese Kündigungsfristen nur noch für den Unternehmer, der Redakteur kann nach § 20 dieses Gesetzes, wenn nicht (innerhalb der Grenzen der für den Unternehmer geltenden Kündigungsfristen) etwas anderes vereinbart ist, einmonatig kündigen. Nach derselben Bestimmung kann das Dienstverhältnis bei Kündigung durch den Dienstgeber mangels einer für den Angestellten günstigeren Vereinbarung nur mit Ablauf eines Kalendervierteljahres enden.

c) Wird eine Zeitungsunternehmung veräußert, so hat nach § 8 JG. der Erwerber binnen einem Monat nach der Veräußerung jedem Redakteur gegenüber zu erklären, ob er in den Vertrag des Redakteurs mit dem Veräußerer eintritt. Tritt er ein oder gibt er innerhalb des Monates keine Erklärung ab, so kann er dem Redakteur im ersten Jahr nach der Veräußerung — unbeschadet des Rechtes, die vorzeitige Auflösung des Vertrages aus wichtigen Gründen zu verlangen — überhaupt nicht kündigen. Tritt er in den Vertrag nicht ein, so hat der Redakteur Anspruch auf eine neben dem Entgelt für die Kündigungsfrist zu entrichtende Entschädigung, die bei weniger als fünfjähriger Dauer des Angestelltenverhältnisses ein Jahresgehalt, bei fünf- bis zehnjähriger Dauer das Anderthalbfache des Jahresgehaltes beträgt und sich nach je fünf weiteren Dienstjahren um ein halbes Jahresgehalt erhöht. Ein angefangenes Jahrfünft wird dabei als voll gerechnet.

Das Kündigungsrecht des Redakteurs wird durch die Veräußerung des Unternehmens nicht berührt. Für die Entschädigung haftet zur ungeteilten Hand mit dem Erwerber auch der Veräußerer (§ 9). Die Entschädigung tritt an die Stelle der nach § 23, Abs. 3, des Angestelltengesetzes gebührenden geringeren „Abfertigung".

Wird eine Zeitungsunternehmung aufgelassen, bevor das Dienstverhältnis eines Redakteurs gelöst ist, so kann ihm, wenn nicht nach dem Gesetz oder dem Vertrag eine längere Kündigungsfrist gilt, nur sechsmonatig gekündigt werden (§ 10).

Wechselt endlich eine Zeitung die von ihr bisher eingehaltene politische Richtung und kann einem Redakteur „die Fortsetzung seiner Tätigkeit ohne Änderung seiner Gesinnung nicht zugemutet werden", so kann er den Vertrag, der ihn an das Unternehmen bindet, binnen einem Monat, „nachdem er von dem Wechsel der politischen Richtung Kenntnis erlangt haben mußte" (i. e.: erlangt hat oder bei normaler Aufmerksamkeit hätte erlangen müssen) ohne Kündigung lösen und es stehen ihm dann dieselben Ansprüche (auf Bezahlung der Kündigungsfrist und Entschädigung) zu, wie wenn er bei einer Veräußerung der Unternehmung von dem Erwerber nicht übernommen worden wäre (§ 11).

Die Entscheidung darüber, ob eine Zeitung ihre politische Richtung gewechselt hat und ob dem Redakteur die Fortsetzung seiner Tätigkeit zugemutet werden kann (nicht auch die Entscheidung über die daraus abzuleitenden Ansprüche), ist mit Ausschluß der ordentlichen Gerichte einem fünfgliedrigen Schiedsgericht übertragen, das aus je zwei von den beiden Streitteilen zu bestellenden Schiedsrichtern und einem von diesen vier Schiedsrichtern mit Stimmenmehrheit zu wählenden Obmann zusammengesetzt ist. Der Obmann muß ein Mitglied des Nationalrates sein. Kommt bei der Wahl keine Mehrheit zustande, so bestimmt der Präsident des Nationalrates den Obmann. Das Schiedsgericht stellt fest, ob die Zeitung ihre politische Richtung gewechselt hat und ob dem Redakteur die Fortsetzung des Dienstverhältnisses zugemutet werden kann. Hat der Redakteur „die Behauptung über den Wechsel der politischen Richtung wider besseres Wissen erhoben“, so kann das Schiedsgericht über ihn eine Mutwillensstrafe bis zum Betrag von 6000 S verhängen.

Über die aus den vom Schiedsgericht festgestellten Umständen abzuleitenden Ansprüche entscheiden die ordentlichen Gerichte. Sie sind aber dabei an den Ausspruch des Schiedsgerichtes gebunden (§ 12).

Die den Redakteuren durch das JG. eingeräumten Rechte können durch den Dienstvertrag weder aufgehoben noch beschränkt werden (§ 14).

IV. Der Schutz der Zeitungen gegen Beleidigungen.

Die Strafgesetznovelle vom Jahre 1929 bestimmt im Art. II: „(1) Wird einer der in den §§ 487, 488, 491 und 496 StG. bezeichneten Angriffe“ (also eine üble Nachrede, eine öffentliche Schmähung oder Verspottung oder eine öffentliche Beschimpfung) „gegen eine Zeitung gerichtet, ohne daß erkennbar ist, auf welche an der Herstellung der Zeitung beteiligte Person der Angriff abzielt, so ist der Herausgeber der Zeitung berechtigt, die Anklage zu erheben. (2) Wird in einem solchen Falle das Strafverfahren auf andere Weise als durch ein verurteilendes Erkenntnis beendigt, so haftet der Zeitungsunternehmer (Eigentümer) und im Falle eines Wechsels in der Person des Eigentümers (§ 5 des Preßgesetzes) auch der neue Eigentümer für die Kosten des Strafverfahrens zur ungeteilten Hand mit dem Privatankläger“.

Diese Bestimmung wird vielfach als gesetzliche Anerkennung des Standpunktes aufgefaßt, daß eine Zeitung als solche Ehre habe und beleidigt werden könne wie eine Person. Allein mit Unrecht. In welchem Sinn immer das Wort „Zeitung" verstanden werden mag: als Gesamtdruckwerk, als Einzeldruckwerk, als einzelne Vervielfältigung eines Druckwerkes oder als Unternehmen (siehe oben S. 24), stets bezeichnet es nur etwas Unbeseeltes, ein Erzeugnis des Geistes, eine körperliche Sache oder eine einem bestimmten Zweck gewidmete Gesamtheit von Sachen und Einrichtungen. Ehre haben und beleidigt werden aber kann nur ein Mensch. Nur ein Mensch kann „eines Verbrechens, eines Vergehens oder einer Übertretung beschuldigt werden" (§ 487 StG.), nur ein Mensch eine „unehrenhafte oder unsittliche Handlung" begehen (§ 488 StG.). Neben dem einzelnen Individuum kommen nach österreichischem Recht als mögliches Objekt einer Beleidigung noch gewisse unter einer einheitlichen Bezeichnung zusammengefaßte Personenmehrheiten in Betracht (die Familien, die öffentlichen Behörden, die gesetzlich anerkannten Körperschaften — § 492 StG. —, sofern diese Bestimmung nicht überhaupt bloß als Regelung des Anklagerechtes bei bestimmten Kollektivbeleidigungen zu deuten ist), niemals aber eine Sache oder ein von der Person des Unternehmers und seiner Organe losgelöstes geschäftliches Unternehmen. Auch wenn eine „Zeitung" angegriffen wird, meint der Angreifer nicht das Druckwerk oder die Unternehmung, sondern die dahinter stehenden Personen: den Herausgeber, die Redakteure, den Eigentümer usw. Es kann sein, daß schon durch den Gegenstand der erhobenen Anschuldigung die Person, gegen die sie sich richtet, eindeutig bestimmt ist. Wenn einer Zeitung vorgeworfen wird, sie veröffentliche grundsätzlich keine ihr zugesandte Berichtigung, so kann es nicht zweifelhaft sein, daß sich dieser Vorwurf gegen den verantwortlichen Redakteur richtet, der ja nach dem Gesetz für die Aufnahme der Berichtigungen zu sorgen hat; und wenn einer Zeitung nachgesagt wird, sie lasse sich von einer ausländischen Regierung erhalten, um deren Interessen zu vertreten, so trifft diese Beschuldigung zweifellos (zum mindesten auch) den Unternehmer. Nur für den Fall, daß bei einer gegen die „Zeitung" gerichteten Beleidigung „nicht erkennbar ist, auf welche an der Herstellung beteiligte Person der Angriff abzielt", bestimmt Art. II der Novelle, daß der Herausgeber berechtigt sein soll, die Anklage zu erheben. Auch eine solche Anklage ist und bleibt aber eine Anklage wegen Kollektivbeleidigung „der an der Herstellung der Zeitung beteiligten Personen", nur daß sie nicht jeder einzelne Redakteur erheben kann, sondern bloß der Herausgeber.

In Beziehung auf die Haftung des Zeitungsunternehmers für die Kosten des Verfahrens im Falle des Freispruches oder der Einstellung und in Beziehung auf seine rechtliche Stellung im Prozeß gelten mutatis mutandis die Grundsätze, die oben (S. 51 ff.) in Beziehung auf die Haftung für die Geldstrafe und die Kosten im Fall der Verurteilung entwickelt worden sind.

Anhang.

Wortlaut der gesetzlichen Vorschriften.

Staatsgrundgesetz vom 21. Dezember 1867, RGBl. Nr. 142, über die allgemeinen Rechte der Staatsbürger für die im Reichsrate vertretenen Königreiche und Länder.

Artikel 13. Jedermann hat das Recht, durch Wort, Schrift, Druck oder durch bildliche Darstellung seine Meinung innerhalb der gesetzlichen Schranken frei zu äußern.

Die Presse darf weder unter Zensur gestellt, noch durch das Konzessionssystem beschränkt werden. Administrative Postverbote finden auf inländische Druckschriften keine Anwendung.

Beschluß der Provisorischen Nationalversammlung vom 30. Oktober 1918, StGBl. Nr. 3.

1. Jede Zensur ist als dem Grundrecht der Staatsbürger widersprechend als rechtsungültig aufgehoben.

2. Die Einstellung von Druckschriften und die Erlassung eines Postverbotes gegen solche findet nicht mehr statt.

Die bisher verfügten Einstellungen und Postverbote sind aufgehoben. Die volle Freiheit der Presse ist hergestellt.

. . . .

Bundes-Verfassungsgesetz in der Fassung von 1929.

Artikel 10. (1) Bundessache ist die Gesetzgebung und die Vollziehung in folgenden Angelegenheiten:

. . . .

6. Zivilrechtswesen einschließlich des wirtschaftlichen Assoziationswesens; Strafrechtswesen mit Ausschluß des Verwaltungsstrafrechtes und Verwaltungsstrafverfahrens in Angelegenheiten, die in den selbständigen Wirkungsbereich der Länder fallen; Justizpflege; Einrichtungen zum Schutz der Gesellschaft gegen verbrecherische, verwahrloste oder sonst gefährliche Personen, wie Zwangsarbeits- und ähnliche Anstalten; Verwaltungsgerichtsbarkeit; Urheberrecht; Pressewesen; Enteignung zu Zwecken der Assanierung, sonstige Enteignung, soweit sie nicht Angelegenheiten betrifft, die in den selbständigen Wirkungsbereich der Länder fallen; Angelegenheiten der Notare, der Rechtsanwälte und verwandter Berufe;

. . . .

Artikel 144. (1) Der Verfassungsgerichtshof erkennt über Beschwerden gegen Bescheide (Entscheidungen oder Verfügungen) der Verwaltungsbehörden, soweit der Beschwerdeführer durch den Bescheid in einem verfassungsgesetzlich gewährleisteten Recht verletzt zu sein behauptet. Die Beschwerde kann, sofern bundesgesetzlich nicht anderes bestimmt ist, erst nach Erschöpfung des Instanzenzuges erhoben werden.

. . . .

Kaiserliches Patent
vom 27. Mai 1852, RGBl. Nr. 117,

wodurch eine neue . . . . Ausgabe des Strafgesetzbuches über Verbrechen und schwere Polizeiübertretungen vom 3. September 1803 . . . . kundgemacht und vom 1. September 1852 angefangen in Wirksamkeit gesetzt wird.

Artikel II. Von eben diesem Tage angefangen, hat das gegenwärtige Strafgesetzbuch in Beziehung auf die darin als Verbrechen, Vergehen oder Übertretungen erklärten strafbaren Handlungen auch dann zur Richtschnur zu dienen, wenn dieselben durch Druckschriften begangen werden. Außerdem haben die Strafgerichte bei der ihnen zugewiesenen Beurteilung von strafbaren Handlungen, welche durch Druckschriften begangen werden, die Bestimmungen der von Uns erlassenen Preßordnung zu beobachten. Vom obigen Tage angefangen, sind daher die durch den Inhalt von Druckschriften begangenen strafbaren Handlungen nicht mehr als besondere Preßvergehen zu behandeln, und es haben sofort in denjenigen Kronländern, in welchen bisher das Gesetz gegen den Mißbrauch der Presse vom 13. März 1849 in Geltung stand, alle hierauf Bezug nehmenden Strafbestimmungen desselben außer Wirksamkeit zu treten.

Wo sich das gegenwärtige Strafgesetz des Ausdruckes „Druckschriften" oder „Druckwerke" bedient, sind darunter nicht bloß Erzeugnisse der Presse, sondern auch alle durch Stein-, Metall- oder Holzdruck, Prägung, Abformung oder durch was immer für mechanische oder chemische Mittel vervielfältigte Erzeugnisse des Geistes und der bildenden Kunst (literarische und artistische Werke) zu verstehen.

Strafgesetz vom 27. Mai 1852, RGBl. Nr. 117.

Besondere Bestimmungen über die Zurechnung bei Verbrechen durch Druckschriften.

§ 7. Wurde ein Verbrechen durch den Inhalt einer Druckschrift begangen, so sind der Verfasser, der Übersetzer, der Herausgeber, der Verleger oder Vertriebsbesorger, Buchhändler, Drucker, bei periodischen Druckschriften auch der verantwortliche Redakteur, wie überhaupt alle Personen, die bei der Drucklegung oder Verbreitung der strafbaren Druckschrift mitgewirkt haben, desselben Verbrechens schuldig, wenn die allgemeinen Bestimmungen der §§ 1, 5, 6, 8, 9, 10 und 11 auf sie in Anwendung kommen.

Versuch eines Verbrechens.

. . . .

§ 10. Bei Verbrechen, die durch Druckschriften begangen werden, beginnt die Strafbarkeit der Handlung für den Verfasser, Übersetzer, Herausgeber, Redakteur und Verleger (§ 7) mit der Übergabe des zu vervielfältigenden Werkes zur Drucklegung; für die übrigen Schuldigen aber mit dem Anfange ihrer Mitwirkung.

Bundesgesetz vom 7. April 1922, BGBl. Nr. 218, über die Presse.

Der Nationalrat hat beschlossen:

Erster Abschnitt.

Allgemeine Bestimmungen.

§ 1. Die Freiheit der Presse ist gewährleistet. Sie unterliegt nur den Beschränkungen, die durch dieses Gesetz bestimmt sind.

§ 2. (1) Unter Druckwerken versteht dieses Gesetz alle durch mechanische oder chemische Mittel vervielfältigten, zur Verbreitung bestimmten Schriften, Bilder und Tonwerke.

(2) Unter einer Zeitung (Zeitschrift) versteht dieses Gesetz ein Druckwerk mit einem nicht vorweg begrenzten Inhalte, das unter demselben Namen und in fortlaufenden Nummern (Stücken, Heften), wenn auch in unregelmäßigen Zeitabständen erscheint und dessen Einzelnummern, wenn auch jede ein in sich abgeschlossenes Ganzes bildet, durch ihren Inhalt in einem Zusammenhang stehen.

§ 3. Unter Verbreitung versteht dieses Gesetz den Vertrieb, den Verschleiß, die Verteilung des Druckwerkes, dessen Anschlagen, Aushängen oder Auflegen sowie jede andere Tätigkeit, wodurch es einem größeren Personenkreis zugänglich gemacht wird.

§ 4. (1) Unter dem Drucker ist der Inhaber der Druckerei zu verstehen. Wird das Gewerbe von einem Geschäftsführer geleitet oder von einem Pächter ausgeübt, so tritt der Geschäftsführer oder Pächter in die Verantwortung nach diesem Gesetz ein. Doch haftet der Inhaber der Druckerei für die über den Geschäftsführer oder Pächter verhängten Geldstrafen und für die Kosten des Strafverfahrens zur ungeteilten Hand mit dem Verurteilten.

(2) Die Verpflichtungen und die Verantwortung des Druckers treffen auch den, der ein Druckwerk herstellt, ohne das Gewerbe eines Druckers auszuüben.

(3) Diese Bestimmungen gelten dem Sinne nach auch für den Verleger.

§ 5 *(in der Fassung der Strafgesetznovelle vom 20. Dezember 1929, BGBl. Nr. 440).* (1) Hat jemand mehrere nach diesem Gesetze strafbare, mit Geldstrafe zu ahndende Übertretungen oder hat er eine solche Übertretung mehrmals begangen, so ist für jede Handlung eine gesonderte Geldstrafe zu verhängen. Die Summe der Geldstrafen kann die höchste im Gesetz angedrohte Strafe übersteigen. Das gleiche gilt von Freiheitsstrafen, die an die Stelle uneinbringlicher Geldstrafen treten; ihre Gesamtdauer darf jedoch nicht mehr betragen als ein Jahr.

(2) Für Geldstrafen, die wegen Übertretung der Ordnungsvorschriften oder wegen einer durch den Inhalt einer Zeitung begangenen strafbaren Handlung verhängt werden, und für die Kosten des Strafverfahrens haften der Herausgeber und der Eigentümer (Zeitungsunternehmer) zur ungeteilten Hand mit dem Verurteilten. Wenn nach der Fällung des Urteils, womit die Haftung ausgesprochen wird, in der Person des Eigentümers ein Wechsel eintritt, haftet der neue Eigentümer zur ungeteilten Hand mit dem früheren. Für die gegen den Herausgeber verhängten Geldstrafen und für die Kosten eines gegen ihn durchgeführten Strafverfahrens haftet auch der Eigentümer (Zeitungsunternehmer).

Zweiter Abschnitt.

Gewerberechtliche und verwandte Bestimmungen.

§ 6. (1) Zum Betriebe eines Gewerbes, das die Herstellung, den Verkauf oder das Verleihen von Druckwerken zum Gegenstande hat, bedarf es keiner besonderen Bewilligung (Konzession).

(2) Die Anmeldung eines Handelsgewerbes ohne Beschränkung auf bestimmte Waren oder Warengattungen berechtigt nicht zum Handel mit Druckwerken.

(3) Im übrigen sind für den Betrieb der Preßgewerbe die Vorschriften der Gewerbeordnung maßgebend, soweit im folgenden nichts anderes bestimmt ist.

§ 7. Jeder, dem die freie Verwaltung seines Vermögens zusteht, kann Zeitungen und selbstverlegte Druckwerke in dem von ihm bestimmten Raume verkaufen. Den Raum hat er der örtlichen Bundesbehörde für den Sicherheitsdienst (Bundespolizeibehörde, politischen Behörde erster Instanz) rechtzeitig anzuzeigen.

§ 8. (1) Wer nach der Gewerbeordnung zum Handel mit Druckwerken berechtigt ist, ist auch berechtigt, Bestellungen auf diese sammeln zu lassen. Dasselbe Recht steht den Verwaltungen inländischer Zeitungen zu.

(2) Für die zum Sammeln von Bestellungen verwendeten Personen gelten die Bestimmungen des § 59 b der Gewerbeordnung.

§ 9. (1) Zeitungen dürfen auch auf der Straße, und sofern es der Verfügungsberechtigte nicht untersagt, auch an anderen öffentlichen Orten vertrieben werden. Hievon sind die dem Gottesdienste gewidmeten Räume ausgenommen.

(2) Auf jeder zum Straßenverkauf bestimmten Zeitungsnummer muß ihr Preis deutlich vermerkt sein. Die Zeitungen dürfen nur mit ihrem Namen ausgerufen werden.

§ 10. (1) Personen unter achtzehn Jahren dürfen Druckwerke auf der Straße und an anderen öffentlichen Orten weder vertreiben noch unentgeltlich verteilen.

(2) Von Haus zu Haus dürfen Druckwerke nicht vertrieben werden.

§ 11. Zum Aushängen oder Anschlagen eines Druckwerkes an einem öffentlichen Orte bedarf es keiner behördlichen Bewilligung. Doch kann die Behörde (§ 7) bestimmen, daß das Anschlagen nur an bestimmten Plätzen erfolgen darf.

§ 12. (1) Auf Antrag einer Unterrichtsbehörde oder eines Jugendamtes kann die Behörde (§ 7) für ihren Amtsbereich bestimmte Druckwerke oder Druckwerke bestimmter Art, die durch Ausnützung der jugendlichen Triebe das sittliche Wohl der Jugend gefährden, von jeder Verbreitung an Personen unter achtzehn Jahren ausschließen und ihren Vertrieb durch Straßenverkauf oder Zeitungsverschleißer überhaupt untersagen. Eine Ausschließung aus Gründen, die in dem politischen, dem religiösen oder dem sozialen Inhalt liegen, ist nicht zulässig. Diese Beschränkung der Verbreitung von Druckwerken bestimmter Art kann nur für höchstens drei Monate erfolgen.

(2) Von der Anordnung ist die antragstellende Behörde und der Verleger oder Herausgeber zu verständigen. Gegen die Anordnung kann von jedem Beteiligten der Rekurs ergriffen werden [Er hat keine aufschiebende Wirkung.][1]) Die Anordnung ist im Amtsblatte kundzumachen.

§ 13 (*Bundes-Verwaltungsstraferhöhungsgesetz 1928*). (1) Wer eine der Bestimmungen der §§ 7, 9 oder 10 oder eine auf Grund der §§ 11 oder 12 erlassene Anordnung übertritt oder an der Übertretung mitwirkt, ist von der Sicherheitsbehörde (§ 7) mit Geldstrafe bis 200 S oder mit Arrest bis zu vierzehn Tagen zu bestrafen.

(2) Im Straferkenntnis können die Stücke des Druckwerkes, auf die sich die strafbare Handlung bezieht, für verfallen erklärt werden; ist die Verfolgung oder Verurteilung einer bestimmten Person nicht ausführbar, so kann auf den Verfall selbständig erkannt werden. Zur Sicherung des Verfalles können die dem Verfalle unterliegenden Stücke des Druckwerkes in Beschlag genommen werden.

---

[1]) Siehe Seite 44.

Dritter Abschnitt.

Die Ordnung in Preßsachen.

§ 14. Von den Bestimmungen dieses Abschnittes sind Druckwerke ausgenommen, die von dem Nationalrat, dem Bundesrat, der Bundesversammlung, einem Landtag, der Akademie der Wissenschaften oder von einer Bundes- oder Landesbehörde innerhalb ihres Wirkungskreises herausgegeben werden. Die Freistücke (§ 21) sind jedoch abzuliefern.

§ 15. (1) Auf jedem Druckwerk müssen der Druck- und Verlagsort sowie der Name oder die Firma des Druckers und des Verlegers genannt sein.

(2) Druckwerke, die nur dem Verkehr, dem häuslichen oder geselligen Leben oder gewerblichen Zwecken dienen, weiter Stimmzettel und Angaben über den Wahlvorgang sind von dieser Verpflichtung befreit.

§ 16. (1) Auf jeder Nummer einer Zeitung müssen außerdem der Name des Herausgebers, der Name, Beruf und Wohnort des Eigentümers (Zeitungsunternehmers) und der Name und Wohnort des verantwortlichen Schriftleiters (Redakteurs) angegeben sein.

(2) Sind für eine Zeitung mehrere verantwortliche Schriftleiter bestellt, so ist anzugeben, für welchen Teil der Zeitung jeder verantwortlich ist.

(3) Auf jedem Druckwerk, das ausgehängt oder angeschlagen wird (§ 11), weiter auf jedem, dessen Umfang drei Druckbogen nicht übersteigt (§ 20), muß, sofern die Druckwerke nicht unter die Ausnahme des § 15, Absatz 2, fallen, neben dem Namen des Druckers und des Verlegers auch Name und Wohnort einer Person angegeben werden, die für den Inhalt des Druckwerkes verantwortlich ist.

§ 17 *(Strafgesetznovelle 1926).* Der Drucker, der auf einem Druckwerke eine der in den §§ 15 und 16 vorgeschriebenen Angaben unterläßt, ist wegen Übertretung mit Geldstrafe bis zu 250 S zu bestrafen. Eine falsche Angabe ist an jedem, der sie verschuldet hat, an dem Drucker nur, wenn er sie wissentlich gemacht hat, als Übertretung mit Geldstrafe bis zu 250 S oder mit Arrest bis zu vierzehn Tagen zu bestrafen.

§ 18. (1) Verantwortlicher Schriftleiter kann nur eine großjährige Person sein, die vom Wahlrecht zum Nationalrat nicht ausgeschlossen ist und in der Republik Österreich ihren ständigen Wohnsitz hat.

(2) Ein Mitglied des Nationalrates, des Bundesrates oder eines Landtages kann, solange seine Immunität währt (Artikel 57, 58 und 96 des Bundes-Verfassungsgesetzes), nicht verantwortlicher Schriftleiter sein.

(3) Diese Bestimmungen gelten auch für Personen, die auf einem

der im dritten Absatze des § 16 bezeichneten Druckwerke als verantwortlich angegeben werden.

§ 19 *(Strafgesetznovelle 1926).* (1) Wer eine Zeitung herausgeben will, hat es der Sicherheitsbehörde (§ 7) anzuzeigen. Die Anzeige hat zu enthalten: den Namen der Zeitung, die Zeitabschnitte ihres Erscheinens, Namen und Wohnort des Druckers, des Herausgebers, des Eigentümers und der verantwortlichen Schriftleiter. Die Anzeige verliert ihre Wirksamkeit, wenn die Zeitung nicht binnen Monatsfrist erscheint. Veränderungen, die während der Herausgabe eintreten, sowie das Aufhören des Erscheinens sind vorher, war aber die Veränderung unvorhergesehen, binnen drei Tagen anzuzeigen.

(2) Wer diese Anzeige unterläßt, wissentlich in der Anzeige eine falsche Angabe macht oder jemand, der den Bestimmungen des § 18 nicht entspricht, als verantwortlichen Schriftleiter anzeigt oder auf einem Druckwerk nach § 16, Absatz 3, als verantwortlich angibt, wird wegen Übertretung mit Geldstrafe bis zu 250 S bestraft.

§ 20. (1) Von jedem Druckwerke, dessen Umfang drei Druckbogen nicht übersteigt, und von jeder Nummer einer Zeitung hat der Drucker mit Beginn der Verbreitung je ein Pflichtstück bei dem Staatsanwalt und bei der Sicherheitsbehörde (§ 7) des Erscheinungsortes, wenn aber der Erscheinungsort im Ausland liegt, bei dem Staatsanwalt und der Sicherheitsbehörde des Druckortes abzuliefern. Wird das Druckwerk im Ausland gedruckt, so trifft die Verpflichtung den Verleger, bei Zeitungen den Herausgeber.

(2) Zeitungskorrespondenzen, die nur an Zeitungen abgegeben werden, und Druckwerke nach § 15, Absatz 2, sind von der Ablieferung befreit.

(3) Kunstdrucke und Tonwerke sind auf Verlangen zurückzustellen, wenn binnen vierzehn Tagen nach der Ablieferung kein strafgerichtliches Verfahren eingeleitet wird.

§ 21 *(II. Strafgesetznovelle 1922 und Schillingsrechnungsgesetz).* (1) Von jedem Druckwerk, das im Inland erscheint oder gedruckt wird, hat der Verleger, wenn aber das Druckwerk im Ausland erscheint, der Drucker innerhalb acht Tagen nach Beginn der Verbreitung ein Freistück an die Nationalbibliothek in Wien und ein Freistück an die Universitäts- oder Landesbibliothek abzuliefern, die durch Verordnung bestimmt worden ist.

(2) Druckwerke nach § 15, Absatz 2, sind von der Ablieferung befreit. Durch Verordnung kann die Ablieferung bestimmter befreiter Druckwerke und die Ablieferung von weiteren Freistücken aller oder bestimmter Druckwerke angeordnet werden. Die Zahl der Freistücke darf jedoch insgesamt bei Zeitungen nicht mehr als zehn, bei anderen Druckwerken nicht mehr als fünf betragen.

(3) [Die Zusendung der Freistücke ist portofrei.][1]) Für Druckwerke, deren Ladenpreis 36 Schilling übersteigt, ist der halbe Ladenpreis zu vergüten, wenn sie nicht binnen einem Monate zurückgestellt werden. Bei Werken, die aus mehreren Teilen bestehen, ist eine Vergütung nur dann zu leisten, wenn der Ladenpreis des kleinsten einzeln verkäuflichen Werkteiles den angegebenen Betrag übersteigt.

§ 22 *(Strafgesetznovelle 1926).* Verletzungen der in den §§ 20 und 21 auferlegten Verpflichtungen sind als Übertretung mit Geldstrafe bis zu 250 S zu bestrafen.

§ 23. (1) Der verantwortliche Schriftleiter einer Zeitung ist verpflichtet, eine Berichtigung darin mitgeteilter Tatsachen auf Verlangen eines Beteiligten (Behörde oder Privatperson) ohne Entgelt zu veröffentlichen. Die Berichtigung muß ohne Einschaltungen und Weglassungen veröffentlicht werden, und zwar in der ersten oder zweiten nach ihrem Einlangen erscheinenden Nummer, in demselben Teile der Zeitung und in der gleichen Schrift wie die zu berichtigende Mitteilung. Über das Verlangen um Aufnahme einer Berichtigung ist auf Begehren eine Bestätigung auszustellen.

(2) Die Aufnahme kann verweigert werden:

1. wenn die Berichtigung später als zwei Monate nach Erscheinen der berichtigten Mitteilung einlangt;

2. wenn der Beteiligte aus Anlaß des die betreffende Mitteilung enthaltenden Aufsatzes eine Berichtigung in derselben Zeitung bereits erwirkt hat;

3. wenn die Berichtigung weder in deutscher noch in der Sprache der Mitteilung abgefaßt ist;

4. wenn ihre Veröffentlichung strafbar wäre.

§ 24 *(Strafgesetznovelle 1926).* (1) Zur Erfüllung seines Verlangens kann der Beteiligte (Behörde oder Privatperson) die Hilfe des Gerichtes (§ 33) anrufen. Über den Antrag hat das Gericht ohne Verzug, womöglich binnen vierundzwanzig Stunden, zu erkennen.

(2) Auf Begehren des Beteiligten hat das Gericht,

1. wenn die Veröffentlichung verspätet erfolgt ist, den verantwortlichen Schriftleiter wegen Übertretung mit Geldstrafe bis zu 250 S zu bestrafen;

2. wenn die Veröffentlichung nicht in der gesetzlich vorgeschriebenen Weise erfolgt ist, den verantwortlichen Schriftleiter wegen Übertretung mit Geldstrafe bis zu 250 S zu bestrafen und auf Veröffentlichung zu erkennen;

3. wenn die Veröffentlichung grundlos verweigert worden ist, den verantwortlichen Schriftleiter wegen Übertretung mit Geldstrafe bis zu 250 S zu bestrafen und auf Veröffentlichung zu erkennen;

---

[1]) Siehe Seite 118.

4. wenn die Veröffentlichung nur verweigert worden ist, weil der verantwortliche Schriftleiter aus entschuldbarem Irrtum die Berichtigung nicht als Berichtigung mitgeteilter Tatsachen angesehen hatte, auf Veröffentlichung zu erkennen, jedoch auszusprechen, daß von einer Strafe abgesehen wird; dieser Ausspruch vertritt den Ausspruch über die Strafe.

(3) Ergibt das Strafverfahren, daß die Berichtigung, weil sie auch Stellen enthält, die nicht eine Berichtigung mitgeteilter Tatsachen sind, in der verlangten Form abgelehnt werden durfte, so stellt das Gericht fest, was von der Berichtigung zu veröffentlichen ist, erkennt gemäß dieser Feststellung auf Veröffentlichung und spricht den Beschuldigten frei.

(4) Die Veröffentlichung, auf die das Gericht erkannt hat, muß in der nächsten oder zweitnächsten Nummer nach Verkündung oder, wenn das Urteil in Abwesenheit des Beschuldigten gefällt wurde, nach Zustellung des Urteils an ihn erfolgen. Ein gegen den Auftrag zur Veröffentlichung ergriffenes Rechtsmittel hat keine aufschiebende Wirkung.

(5) Ist eine Berichtigung infolge eines gerichtlichen Erkenntnisses veröffentlicht worden und wird die Verpflichtung sodann aufgehoben, so ist dem verantwortlichen Schriftleiter das Recht zuzuerkennen, die aufhebende Entscheidung auf Kosten des Anklägers in der im § 23 festgesetzten Weise zu veröffentlichen.

(6) In dem Erkenntnisse auf Veröffentlichung der Berichtigung ist auszusprechen, daß die Zeitung von dem nach Absatz 4 zu bestimmenden Tage an, wenn sie die Berichtigung nicht gebracht hat, nicht erscheinen darf. Das Erscheinen jeder weiteren Nummer der Zeitung vor Erfüllung der Verpflichtung ist eine Übertretung, für die der verantwortliche Schriftleiter auf Begehren des Beteiligten mit Geldstrafe bis zu 250 S zu bestrafen ist.

§ 25 *(Strafgesetznovelle 1926)*. (1) Der verantwortliche Schriftleiter einer Zeitung, die Ankündigungen gegen Entgelt aufnimmt, ist verpflichtet, gerichtliche Entscheidungen, auf deren Veröffentlichung in dieser Zeitung das Gericht erkannt hat, in einer der ersten drei nach der Einsendung erscheinenden Nummern gegen Vergütung der üblichen Einrückungsgebühren zu veröffentlichen. Die Veröffentlichung hat ohne Einschaltungen, Weglassungen und Zusätze zu erfolgen.

(2) Hat der verantwortliche Schriftleiter die Veröffentlichung grundlos verweigert oder nicht in der gesetzlich vorgeschriebenen Weise vorgenommen, so ist er wegen Übertretung für jede vor Erfüllung der Verpflichtung erschienene Nummer mit Geldstrafe bis zu 250 S zu bestrafen.

§ 26 *(Strafgesetznovelle 1926)*. (1) In einer Zeitung müssen

Ankündigungen und Anpreisungen, für deren Aufnahme die Zeitung ein Entgelt erhält, als solche deutlich zu erkennen sein.

(2) Der Herausgeber und der Eigentümer einer Zeitung, in der diese Vorschrift verletzt wird, sind wegen Übertretung mit Geldstrafe bis zu 250 S zu bestrafen. Daneben ist auf den Verfall des Entgeltes zu erkennen, das für die verschleierte Ankündigung genommen worden ist.

§ 27. Wer einen Vermögensvorteil annimmt, um herbeizuführen, daß in einer Zeitung eine Veröffentlichung erfolgt oder unterbleibt, hat ihn dem, der den Vorteil geleistet hat, auf dessen Verlangen zurückzuerstatten, wenn es den guten Sitten widerspricht, Veröffentlichungen solcher Art gegen Entgelt zu bewirken oder zu unterlassen. Der Anspruch erlischt drei Jahre nach Leistung des Vermögensvorteils. Gegen Erben kann er nur geltend gemacht werden, soweit sie bereichert sind.

§ 28 *(Strafgesetznovelle 1926).* (1) Ist gegen eine im Ausland erscheinende Zeitung innerhalb eines Jahres zweimal auf Verfall (§§ 41, 42) erkannt worden, so kann die Bundesregierung innerhalb zwei Monaten, nachdem das letzte Erkenntnis rechtskräftig geworden ist, die Verbreitung der Zeitung im Inland für ein Jahr verbieten. Dieses Verbot ist in den amtlichen Landeszeitungen kundzumachen.

(2) Wer eine ausländische Zeitung gegen ein solches Verbot verbreitet, ist wegen Übertretung mit Geldstrafe bis zu 250 S zu bestrafen. Auch kann auf Verfall der zur Verbreitung bestimmten Stücke der Zeitung erkannt werden.

Vierter Abschnitt.

Verantwortlichkeit für strafbare Handlungen, die durch den Inhalt eines Druckwerkes begangen werden.

§ 29. Die Verantwortlichkeit für Handlungen, deren Strafbarkeit durch den Inhalt eines Druckwerkes begründet wird, bestimmt sich nach den allgemeinen Strafgesetzen.

§ 30 *(in der Fassung der Strafgesetznovelle 1929).* (1) Der verantwortliche Schriftleiter einer Zeitung, deren Inhalt eine strafbare Handlung begründet, ist, wenn er nicht als Täter oder Mitschuldiger strafbar ist, für die Vernachlässigung der Sorgfalt verantwortlich, bei deren pflichtmäßiger Anwendung die Aufnahme des strafbaren Inhaltes unterblieben wäre. Dieselbe Verantwortung trifft Personen, die für den Inhalt eines der im dritten Absatze des § 16 bezeichneten Druckwerke verantwortlich sind.

(2) Der Verleger eines anderen Druckwerkes ist wegen Vernachlässigung der ihm obliegenden Sorgfalt nur verantwortlich, wenn er nicht bei seiner ersten Einvernahme einen Verfasser oder Herausgeber zu nennen und nachzuweisen vermag, der zur Zeit des Erscheinens des Druckwerkes seinen Wohnsitz im Inland hatte. Der

Drucker eines Druckwerkes ist für die Vernachlässigung der ihm obliegenden Sorgfalt nur verantwortlich, wenn die Vorschriften der §§ 15, 16 und 20 nicht beachtet worden sind, der Verbreiter eines Druckwerkes nur dann, wenn die Verbreitung wider die Vorschriften dieses Gesetzes geschah oder besondere Umstände den Verdacht eines strafbaren Inhaltes erwecken konnten.

(3) Die Verantwortlichkeit für die Vernachlässigung der pflichtmäßigen Sorgfalt tritt erst in dem Zeitpunkt ein, in dem die Verbreitung des Druckwerkes begonnen hat.

(4) Die Vernachlässigung der pflichtmäßigen Sorgfalt ist als Übertretung mit Geldstrafe bis zu 2500 S, wenn aber der Inhalt des Druckwerkes ein Verbrechen begründet, mit Arrest von drei Tagen bis zu drei Monaten zu bestrafen.

(5) Wer durch einen unabwendbaren Umstand verhindert war, die ihm obliegende Sorgfalt anzuwenden, bleibt straflos.

(6) Begründet der Inhalt des Druckwerkes eine Ehrenbeleidigung (§§ 487 bis 494 StG.) und hat die für den Inhalt verantwortliche Person die Wahrheit der in dem Druckwerk enthaltenen Angaben oder entehrende Handlungen des Geschmähten behauptet, die die Schmähung begründen sollten, diese ihre Behauptung aber nicht bewiesen, so ist auf Verlangen des Beleidigten neben der Strafe wegen Vernachlässigung der pflichtmäßigen Sorgfalt auf eine an den Beleidigten zu entrichtende, vom Gerichte nach freiem, durch die Würdigung aller Umstände geleiteten Ermessen zu bestimmende Geldbuße bis zu dem Betrage von 10 000 S zu erkennen. Für die einem verantwortlichen Schriftleiter auferlegte Geldbuße haften der Herausgeber und der Eigentümer (Zeitungsunternehmer), im Falle eines Wechsels in der Person des Eigentümers (§ 5) auch der neue Eigentümer zur ungeteilten Hand mit dem Verurteilten.

(7) Die Verfolgung findet nur auf Verlangen oder mit Ermächtigung des Verletzten statt, wenn die durch den Inhalt des Druckwerkes begründete strafbare Handlung der Privatanklage vorbehalten oder nur mit Ermächtigung der Verletzten verfolgbar ist.

§ 31. Wahrheitsgetreue Berichte über die Verhandlungen in den öffentlichen Sitzungen des Nationalrates, des Bundesrates, der Bundesversammlung, eines Landtages oder eines Ausschusses einer dieser Körperschaften bleiben von jeder Verantwortung frei.

§ 32. (1) Eine strafbare Handlung, durch den Inhalt eines Druckwerkes begangen, ist verjährt, wenn seit der Verbreitung im Inlande sechs Monate verstrichen sind und keine strafgerichtliche Verfolgung eingeleitet oder das eingeleitete Verfahren sechs Monate lang nicht fortgesetzt wurde.

(2) Die Verjährung ruht, solange und soweit die Verfolgung kraft gesetzlicher Vorschriften nicht eingeleitet oder fortgesetzt werden kann.

Fünfter Abschnitt.

Über das Strafverfahren in Preßsachen.

§ 33. Das Strafverfahren wegen der in diesem Gesetz mit Strafe bedrohten Übertretungen steht, soweit nichts anderes bestimmt ist, den Bezirksgerichten zu.

§ 34. Für das Strafverfahren in Preßsachen gelten die Vorschriften der Strafprozeßordnung mit den im folgenden festgesetzten Abweichungen.

§ 35. Das Strafverfahren wegen aller im Sprengel eines Gerichtshofes erster Instanz begangenen, den Gerichten zugewiesenen Übertretungen steht dem Bezirksgerichte zu, in dessen Sprengel das Amtsgebäude des Gerichtshofes gelegen ist. Durch Verordnung kann ein anderes Bezirksgericht dazu bestimmt werden.

§ 36. Für alle durch ein Druckwerk begangenen strafbaren Handlungen gilt als Tatort der Ort, wo das Druckwerk erschienen ist. Ist dieser Ort unbekannt oder liegt er im Ausland, so gilt als Tatort der Ort, wo das Druckwerk verbreitet worden ist. Ist keine dieser Bestimmungen anwendbar, so gilt der Druckort als Tatort.

§ 37. (1) Vom Staatsanwalt und an Orten, wo kein Staatsanwalt seinen Sitz hat, auch von der Sicherheitsbehörde kann ein Druckwerk vorläufig in Beschlag genommen werden:

1. wenn eine der in den §§ 15, 16 und 20 enthaltenen Vorschriften verletzt worden ist;

2. wenn durch das Druckwerk das Vergehen nach Artikel VII, VIII oder IX des Gesetzes vom 17. Dezember 1862, RGBl. Nr. 8 vom Jahre 1863, oder das Vergehen nach § 516 StG. begangen worden ist, oder wenn das Druckwerk zu einem Verbrechen auffordert, aneifert oder zu verleiten sucht und dringende Gefahr besteht, daß die Verbreitung des Druckwerkes die Verübung des Verbrechens unmittelbar zur Folge haben könnte. Bei der Beschlagnahme ist anzugeben, wegen welcher Stelle des Druckwerkes und wegen welcher strafbaren Handlung sie erfolgt.

(2) Die vorläufige Beschlagnahme bedarf der Bestätigung durch das Gericht. Zur Entscheidung ist im Falle der Zahl 1 des ersten Absatzes der Bezirksrichter, im Falle der Zahl 2 der Untersuchungsrichter berufen.

(3) Wird die Beschlagnahme nicht binnen fünf Tagen nach dem Vollzuge bestätigt, so ist sie erloschen.

(4) Die vom Gerichte bestätigte Beschlagnahme erlischt, wenn der öffentliche Ankläger nicht spätestens am achten Tage nach der Bestätigung auf Einleitung des Strafverfahrens oder auf Verfallserklärung im selbständigen Verfahren (§ 42) angetragen hat.

(5) In allen anderen Fällen bleibt die Beschlagnahme wirksam, bis das eingeleitete Verfahren rechtskräftig beendet ist.

§ 38. Wenn auf Antrag des Anklägers (Staatsanwaltes oder Privatanklägers) das Gericht die Beschlagnahme eines Druckwerkes wegen eines als strafbar bezeichneten Inhaltes anordnet oder nach § 37, Absatz 2, bestätigt, so hat es anzugeben, welche Stelle den strafbaren Inhalt ergebe und welche strafbare Handlung sie begründe.

§ 39 *(Strafgesetznovelle 1926).* (1) Solange die Beschlagnahme dauert, ist die Weiterverbreitung des Druckwerkes oder die Wiederveröffentlichung des als strafbar bezeichneten Inhaltes verboten.

(2) Wer dieses Verbot vorsätzlich übertritt, ist wegen Übertretung mit Geldstrafe bis zu 250 S zu bestrafen.

§ 40. (1) Erlischt die Beschlagnahme nach § 37, Absatz 3 oder 4, oder ist rechtskräftig erkannt worden, daß der Tatbestand einer strafbaren Handlung nicht vorliegt, so ist der Bund, wenn aber die Beschlagnahme auf Antrag eines Privatanklägers verfügt worden ist, der Privatankläger verpflichtet, dem durch die Beschlagnahme Geschädigten den erlittenen Schaden zu ersetzen.

(2) Der Anspruch ist bei sonstigem Verluste binnen vierzehn Tagen, nachdem die Beschlagnahme erloschen oder unwirksam geworden ist, bei dem Gerichte geltend zu machen, bei dem das Verfahren anhängig war oder hätte anhängig gemacht werden sollen.

(3) Das Gericht erkennt in öffentlicher Sitzung, zu der der Geschädigte und der Ankläger zu laden sind, durch Beschluß. Gegen den Beschluß kann binnen drei Tagen die Beschwerde erhoben werden. Sie geht, je nachdem die Entscheidung von einem Bezirksgerichte oder von einem Gerichtshof erster Instanz gefällt wurde, an den Gerichtshof erster oder zweiter Instanz. Dieser entscheidet gleichfalls in öffentlicher Sitzung.

(4) Die Gerichtshöfe entscheiden in Versammlungen von drei Richtern.

§ 41 *(in der Fassung der Strafgesetznovelle 1929).* (1) Mit der Verurteilung wegen einer Übertretung nach § 15, 16 oder 20 dieses Gesetzes oder wegen einer durch den Inhalt eines Druckwerkes begangenen strafbaren Handlung ist auf Antrag des Anklägers in dem Urteil auf Verfall des Druckwerkes zu erkennen. Der Verfall erstreckt sich nur auf die zur Verbreitung bestimmten Stücke des Druckwerkes. Bei strafbaren Handlungen, die durch den Inhalt begangen worden sind, kann der Verfall auf Begehren eines Beteiligten auf den Teil des Druckwerkes beschränkt werden, dessen Inhalt strafbar ist. Die Abtrennung dieses Teiles geschieht auf Kosten des Beteiligten.

(2) Bei einer Verurteilung wegen des Vergehens nach § 516 StG. kann auch auf die Unbrauchbarmachung der zur Herstellung des Druckwerkes dienenden Platten und Formen erkannt werden.

(3) Zur Hauptverhandlung ist, wenn es ausführbar ist, bei Zeitungen der Herausgeber, bei anderen Druckwerken der Verleger zu

laden. Sie haben in der Hauptverhandlung und dem nachfolgenden Verfahren, soweit es sich um den Verfall oder die Unbrauchbarmachung handelt, die Rechte des Beschuldigten. Doch wird durch ihr Nichterscheinen das Verfahren und die Urteilsfällung nicht gehemmt. Auch können sie gegen ein in ihrer Abwesenheit gefälltes Urteil keinen Einspruch erheben. Die Frist zur Anmeldung von Rechtsmitteln beginnt für sie mit der Verkündung des Urteils, auch wenn sie dabei nicht anwesend waren.

§ 42. (1) Ist die Verfolgung einer bestimmten Person nicht durchführbar oder ihre Verurteilung wegen des Vorhandenseins von Gründen, die eine Bestrafung ausschließen, nicht möglich, so ist, wenn der Inhalt eine strafbare Handlung begründet, auf Antrag des Anklägers auf Verfall und Unbrauchbarmachung in einem selbständigen Verfahren zu erkennen. Handelt es sich um eine Übertretung, so ist das Bezirksgericht, handelt es sich um ein durch den Inhalt eines Druckwerkes begangenes Verbrechen oder Vergehen, so ist der Gerichtshof erster Instanz als Schöffengericht zuständig.

(2) Das Gericht entscheidet nach mündlicher Verhandlung durch Urteil. Die Bestimmungen der Strafprozeßordnung und des § 41, Absatz 3, dieses Gesetzes über die Hauptverhandlung, über das auf Grund einer Hauptverhandlung gefällte Urteil und dessen Anfechtung sind entsprechend anzuwenden. Wird auf Verfall oder Unbrauchbarmachung erkannt, so treffen die Kosten des Verfahrens den Herausgeber oder Verleger.

(3) Ergeben sich die Voraussetzungen für das selbständige Verfahren in der Hauptverhandlung über eine Anklage, so kann über den Antrag auf Verfall oder Unbrauchbarmachung in dem freisprechenden Erkenntnis, oder wenn es zu einem Urteil in der Hauptsache nicht kommt, in einem besonderen Urteil erkannt werden.

(4) Wird über die strafbare Handlung, die durch den Inhalt eines Druckwerkes begangen wurde, durch Wahrspruch der Geschwornen erkannt und haben die Geschwornen die Schuldfrage verneint, so entscheidet über den Verfall der Gerichtshof unter Zuziehung der Geschwornen. Vor der Entscheidung, ob der Inhalt eine bestimmte strafbare Handlung begründe, sind die Parteien zu hören. Die Abstimmung und die Beschlußfassung erfolgt nach den Bestimmungen über das Schöffengericht.

§ 43. (1) Auf Antrag des Anklägers hat das Gericht in dem Straferkenntnis wegen einer durch den Inhalt einer Zeitung begangenen strafbaren Handlung auf Veröffentlichung des Urteils in dieser Zeitung zu erkennen. Die Bestimmungen des § 24, Absatz 6, sind dem Sinne nach anzuwenden. Die Veröffentlichung muß in der ersten oder zweiten Nummer, nachdem das Urteil rechtskräftig geworden ist, in der im § 23 vorgeschriebenen Weise erfolgen.

(2) Wenn es durch die begleitenden Umstände gerechtfertigt ist, kann das Gericht auf Antrag des Anklägers dem Verurteilten auch eine weitere Veröffentlichung auftragen, wobei es die Art und den Zeitpunkt der Veröffentlichung bestimmt. Ebenso kann das Gericht die Veröffentlichung des Urteils auftragen, wenn die strafbare Handlung durch ein anderes Druckwerk begangen wurde. Die Veröffentlichung in einer Zeitung ist durch Hinterlegung der Nummer, in der sie erfolgte, binnen acht Tagen nach Ablauf der hiefür bestimmten Frist dem Gerichte nachzuweisen. Wird die Veröffentlichung nicht rechtzeitig nachgewiesen, so kann das Gericht, in Privatanklagesachen der Privatankläger die Veröffentlichung selbst veranlassen. Die Kosten der Veröffentlichung gehören zu den Kosten des Strafverfahrens.

(3) Auch in dem selbständigen Verfahren über einen Antrag auf Verfall und Unbrauchbarmachung (§ 42) kann die Veröffentlichung des Erkenntnisses beantragt und dem zum Kostenersatze Verpflichteten aufgetragen werden.

§ 44. Die Verpflichtung des verantwortlichen Schriftleiters einer Zeitung zur Veröffentlichung einer Berichtigung nach § 24 und eines Urteils nach § 43 gilt, wenn dessen Verantwortlichkeit aufgehört hat, bis zur Erfüllung auch für jeden nächsten verantwortlichen Schriftleiter dieser Zeitung.

§ 45. (1) Personen, die bei der Herstellung einer Zeitung berufsmäßig mitwirken, sind in einem Strafverfahren, das wegen des Inhaltes der Zeitung eingeleitet worden ist, bei allen Fragen, die sich auf eine in den allgemeinen Strafgesetzen begründete strafrechtliche Verantwortlichkeit beziehen (§ 29), von der Verbindlichkeit zur Ablegung des Zeugnisses befreit.

(2) Diese Befreiung erstreckt sich nicht auf Inserate.

Sechster Abschnitt.

Übergangs- und Schlußbestimmungen.

§ 46. (1) Dieses Gesetz tritt mit Ausnahme des § 6, Absatz 1 und 2, am 1. Oktober 1922 in Kraft.

(2) Gleichzeitig verlieren ihre Wirksamkeit:

das Preßgesetz vom 17. Dezember 1862, RGBl. Nr. 6 vom Jahre 1863,

die noch in Geltung stehenden Bestimmungen des Gesetzes vom 15. Oktober 1868, RGBl. Nr. 142,

das Gesetz vom 9. Juli 1894, RGBl. Nr. 161,

das XXVII. Hauptstück der Strafprozeßordnung vom 23. Mai 1873, RGBl. Nr. 119, und

die Kaiserliche Verordnung vom 11. August 1914, RGBl. Nr. 215.

§ 47 (*in der Fassung der Bundesgesetze vom 1. Dezember 1925, BGBl. Nr. 418, und vom 13. Dezember 1929, BGBl. Nr. 433*).

(1) § 6, Absatz 1 und 2, dieses Gesetzes tritt am 1. Jänner des Jahres 1933 in Kraft.

(2) Gleichzeitig verlieren ihre Wirksamkeit:

§ 15, Z. 1 und 2, und die sich darauf beziehenden Vorschriften des § 23, Absatz 1 und Absatz 5, des § 57, Absatz 2, und des § 142, ferner § 21 der Gewerbeordnung, Artikel I, Punkt 1, der Ministerialverordnung vom 6. August 1907, RGBl. Nr. 196, betreffend den Nachweis der besonderen Befähigung.

(3) Im § 59 d der Gewerbeordnung hat die Anführung des § 59 b zu entfallen.

§ 48. (1) Mit Ausnahme des § 45 sind die Bestimmungen dieses Gesetzes auf Strafsachen, die zur Zeit seines Geltungsbeginnes anhängig sind, nicht anzuwenden. Als anhängig gilt eine Sache, sobald die Beschlagnahme angeordnet oder der Antrag auf Einleitung des Strafverfahrens oder Erlassung des Verbotes der Weiterverbreitung gestellt ist.

(2) Auf strafbare Handlungen, die vor seinem Geltungsbeginn begangen worden sind, ist dieses Gesetz nur dann anzuwenden, wenn das frühere Recht für den Beschuldigten nicht günstiger ist.

(3) Die Bestimmungen über die Berichtigung (§ 23) finden keine Anwendung, wenn das Begehren um Aufnahme der Berichtigung schon vor dem Geltungsbeginn dieses Gesetzes gestellt worden ist.

(4) Für Geldstrafen, die wegen strafbarer Handlungen verhängt werden, welche vor dem Geltungsbeginn dieses Gesetzes begangen wurden, und für die Kosten des Verfahrens dürfen andere Personen als der Verurteilte nur haftbar gemacht werden, wenn ihnen die Haftung auch im früheren Recht auferlegt war oder die nicht rechtzeitige Zahlung der Geldstrafe oder Kosten nach dem früheren Rechte die Einstellung der Herausgabe der Druckschrift zur Folge hat.

§ 49. Die nach dem bisherigen Gesetze ausgesprochenen Verbote der Weiterverbreitung einer Druckschrift treten mit dem Geltungsbeginn dieses Gesetzes außer Kraft. Wer ein solches Druckwerk weiterverbreitet, kann nur zur Verantwortung gezogen werden, soweit die Verbreitung ohne Rücksicht auf das Verbot strafbar ist.

§ 50. Wo in Gesetzen oder Verordnungen, die durch dieses Gesetz nicht berührt werden, auf eine nach § 46 oder § 47 aufgehobene Bestimmung verwiesen wird, tritt an Stelle der bezogenen die entsprechende Bestimmung dieses Gesetzes.

§ 51. Mit der Vollziehung dieses Gesetzes sind die Bundesminister für Justiz, für Inneres und Unterricht, für Handel und Gewerbe, Industrie und Bauten betraut. Sie haben alle zur Durchführung erforderlichen Anordnungen zu erlassen, und zwar, soweit dadurch der Wirkungskreis mehrerer Bundesministerien berührt wird, im gegenseitigen Einvernehmen.

Gesetz vom 17. Dezember 1862, RGBl. Nr. 8 vom Jahre 1863, betreffend einige Ergänzungen des allgemeinen und des Militär-Strafgesetzes.

Artikel VII *(Strafgesetznovelle 1926).* Wer einen Anklagebeschluß, über welchen die gerichtliche Verhandlung bevorsteht, oder eine Anklageschrift, ehe die Anklage in der Hauptverhandlung entwickelt worden ist, wer den Inhalt der im Laufe einer strafgerichtlichen Untersuchung zu den Akten gebrachten Beweisurkunden oder Aussagen von Beschuldigten, Zeugen oder Sachverständigen vor Beendigung der Untersuchung und bevor davon in der Hauptverhandlung Gebrauch gemacht worden ist, durch den Druck veröffentlicht, macht sich eines Vergehens schuldig und ist mit einer Geldstrafe bis 2500 S zu belegen.

Artikel VIII *(in der Fassung der Strafgesetznovelle vom 20. Dezember 1929, BGBl. Nr. 440).* Wer in einer Druckschrift den vermutlichen Ausgang eines Strafverfahrens oder den Wert eines Beweismittels vor dem Urteil der ersten Instanz erörtert, macht sich eines Vergehens schuldig und ist mit Arrest von einem bis zu drei Monaten zu bestrafen.

Artikel IX *(Strafgesetznovelle 1926).* Jede durch Druckschriften veröffentlichte Mitteilung über den Plan und die Richtung militärischer Operationen des kaiserlichen Heeres oder der kaiserlichen Flotte, über die Bewegung, Stärke und den Aufstellungsort von Truppen und Schiffen, über den Zustand von Befestigungswerken, endlich über die Aufbewahrung oder den Transport von Kriegserfordernissen begründet, wenn aus deren Beschaffenheit oder aus den obwaltenden Umständen erkennbar war, daß dadurch die Interessen des Staates gefährdet werden könnten, oder wenn ein besonderes Verbot solcher Mitteilungen erlassen wurde, soferne nicht eine schwerer verpönte Handlung darin erkannt wird, ein Vergehen, welches an dem Schuldigen mit einer Geldstrafe bis 2500 S, zur Zeit eines bereits ausgebrochenen oder unmittelbar drohenden Krieges aber mit Arrest von vierzehn Tagen bis zu drei Monaten zu bestrafen ist.

Diese Vorschrift findet keine Anwendung auf Mitteilungen, welche durch offizielle Blätter zur Öffentlichkeit gebracht wurden.

Bundesgesetz vom 20. Dezember 1929, BGBl. Nr. 440, womit einige Bestimmungen des Strafgesetzes, des Preßgesetzes und des Einführungsgesetzes zur Strafprozeßordnung abgeändert werden (Strafgesetznovelle 1929).

Artikel II. (1) Wird einer der in den §§ 487, 488, 491 und 496 StG. bezeichneten Angriffe gegen eine Zeitung gerichtet, ohne daß erkennbar ist, auf welche an der Herstellung der Zeitung beteiligte

Person der Angriff abzielt, so ist der Herausgeber der Zeitung berechtigt, die Anklage zu erheben.

(2) Wird in einem solchen Falle das Strafverfahren auf andere Weise als durch ein verurteilendes Erkenntnis beendigt, so haftet der Zeitungsunternehmer (Eigentümer) und im Falle eines Wechsels in der Person des Eigentümers (§ 5 des Preßgesetzes) auch der neue Eigentümer für die Kosten des Strafverfahrens zur ungeteilten Hand mit dem Privatankläger.

Artikel IV. Wer für sich oder einen andern einen unrechtmäßigen Vermögensvorteil verlangt, sich versprechen läßt oder annimmt, damit in einer Zeitung eine bestimmte Mitteilung tatsächlicher Art nicht veröffentlicht werde, wird, wenn sich darin nicht eine schwerer verpönte strafbare Handlung darstellt, wegen Vergehens mit strengem Arrest von drei Monaten bis zu einem Jahre bestraft.

Artikel V. (1) Wer in einem Druckwerk eine unwahre Behauptung tatsächlicher Art aufstellt oder verbreitet, die durch die darin enthaltene Unwahrheit geeignet ist, den Kredit, den Erwerb oder das berufliche Fortkommen eines andern zu schädigen, wird, wenn die Handlung nicht nach § 8 des Bundesgesetzes vom 26. September 1923, BGBl. Nr. 531, gegen den unlauteren Wettbewerb zu ahnden ist, vom Gerichte wegen Übertretung mit Arrest von einem bis zu drei Monaten oder mit Geldstrafe bis zu 2500 S bestraft. Beide Strafen können auch nebeneinander verhängt werden.

(2) Die Verfolgung findet nur auf Verlangen des Betroffenen statt.

Artikel VI. (1) Wer wissentlich eine Schrift, Abbildung oder andere Darstellung, die unzüchtig oder doch geeignet ist, das Geschlechtsgefühl der Jugend zu überreizen oder irrezuleiten, einer Person unter 16 Jahren gegen Entgelt anbietet oder überläßt oder, wenn auch ohne Entgelt, auf solche Weise ausstellt, anschlägt oder sonst verbreitet, daß dadurch der anstößige Inhalt auch einem größeren Kreise von Personen unter 16 Jahren zugänglich wird, wird, sofern sich darin nicht eine schwerer verpönte strafbare Handlung darstellt, vom Gerichte wegen Übertretung mit einfachem oder strengem Arrest von einem bis zu drei Monaten bestraft.

(2) Ebenso wird bestraft, wer wissentlich einer Person unter 16 Jahren gegen Entgelt ein Laufbild vorführt, das unzüchtig oder doch geeignet ist, das Geschlechtsgefühl der Jugend zu überreizen oder irrezuleiten.

(3) Im Strafurteil sind die Stücke des Werkes, die den Gegenstand der strafbaren Handlung gebildet haben, für verfallen zu erklären, gleichviel, ob sie dem Verurteilten gehören oder nicht.

(4) Ist die Verfolgung einer bestimmten Person nicht durchführbar oder ihre Verurteilung aus Gründen, die eine Bestrafung ausschließen, nicht möglich, so ist auf Antrag des Anklägers im frei-

sprechenden Urteil oder durch besonderen Beschluß auf den Verfall zu erkennen.

Kaiserliches Patent vom 20. Dezember 1859, RGBl. Nr. 227, womit eine Gewerbeordnung . . . erlassen . . . wird.

V. Auf folgende Beschäftigungen und Unternehmungen findet das gegenwärtige Gesetz keine Anwendung; dieselben werden fortan nach den dafür bestehenden Vorschriften behandelt:

. . . .

c) die literarische Tätigkeit, das Selbstverlagsrecht der Autoren und die Ausübung der schönen Künste;

. . . .

p) die Unternehmungen periodischer Druckschriften und der Verschleiß derselben;

. . . .

Gewerbeordnung vom 20. Dezember 1859, RGBl. Nr. 227.

§ 15 *(in der Fassung der Gesetze vom 15. März 1883, RGBl. Nr. 39, und vom 5. Februar 1907, RGBl. Nr. 26).*

Konzessionierte Gewerbe.

(1) Nachstehende Gewerbe werden als konzessioniert erklärt:

1. alle Gewerbe, welche auf mechanischem oder chemischem Wege die Vervielfältigung von literarischen oder artistischen Erzeugnissen, oder den Handel mit denselben zum Gegenstande haben, (Buch-, Kupfer-, Stahl-, Holz-, Steindruckereien und dergleichen einschließlich der Tretpressen, dann Buchhandlungen, einschließlich der Antiquarbuchhandlungen, Kunst-, Musikalienhandlungen);

2. die Unternehmungen von Leihanstalten für derlei Erzeugnisse und von Lesekabinetten;

. . . .

§ 21 *(in der Fassung des Gesetzes vom 5. Februar 1907, RGBl. Nr. 26).*

Preßgewerbe.

(1) Die im § 15, Punkt 1, aufgeführten Gewerbe dürfen in der Regel nur an Orten, wo eine politische Bezirks- oder landesfürstliche Polizeibehörde ihren Sitz hat, errichtet werden.

(2) Diese Bestimmung erstreckt sich jedoch nicht auf den ausschließlich auf Schul- und Gebetbücher, Kalender und Heiligenbilder beschränkten Handel.

(3) Die Konzession zu dem ausschließlich auf Schul- und Gebetbücher, Kalender und Heiligenbilder beschränkten Handel verleiht die Gewerbebehörde erster Instanz.

(4) Inwiefern der Verkauf der im vorhergehenden Absatz erwähnten Preßerzeugnisse außerhalb des Rahmens einer zum Verkauf

von Preßerzeugnissen überhaupt oder zu dem beschränkten Handel mit diesen Preßerzeugnissen berechtigenden Konzession erfolgen kann, bestimmt das Preßgesetz.

(5) Der Handel mit Preßerzeugnissen, welche lediglich den Bedürfnissen des Gewerbes und Verkehrs oder des häuslichen oder geselligen Lebens zu dienen bestimmt sind, ohne als artistische Erzeugnisse angesehen werden zu können (Schulhefte, Preislisten, Preiszettel, Ansichts- und Glückwunschkarten, Vermietungsanzeigen, Rechnungsblankette, Stundeneinteilungen, Schreibhefte, Kontokorrents, Bücher- und Schreibheftschilder, Modellier- und Kolorierbogen, Abzugbilder, Laubsägevorlagen, Wunschbogen, Drucksorten für industrielle und Kanzleizwecke u. dgl.), bedarf überhaupt keiner Konzession, sondern ist als freies Gewerbe anzumelden.

§ 23 *(in der Fassung der Gesetze vom 5. Februar 1907, RGBl. Nr. 26, und vom 21. Juli 1925, RGBl. Nr. 277).*

Besondere Erfordernisse.

(1) Zum Antritte eines konzessionierten Gewerbes werden nebst den zum selbständigen Betriebe eines Gewerbes für alle Gewerbe vorgeschriebenen Bedingungen (§§ 2 bis 10) Verläßlichkeit mit Beziehung auf das betreffende Gewerbe und bei den im § 15, Punkt 1, 2, ... genannten Gewerben eine besondere Befähigung gefordert. Auf welche Weise die Befähigung nachzuweisen ist, wird, soweit hiefür in diesem Gesetze nicht schon Bestimmungen enthalten sind, im Verordnungswege vom Handelsminister festgesetzt.

. . . .

(5) Bei Verleihung der im § 15, Punkt 1, 2, ... erwähnten Gewerbe . . . . . ist überdies auf die Lokalverhältnisse Bedacht zu nehmen; die Verleihung der im § 15 aufgeführten Gewerbe ist ferner davon abhängig, daß vom Standpunkte der Sicherheits-, Sittlichkeits-, Gesundheits-, Feuer- oder Verkehrspolizei gegen den beabsichtigten Gewerbebetrieb kein Anstand obwaltet.

§ 59 *(in der Fassung der Gesetze vom 25. Februar 1902, RGBl. Nr. 49, und vom 21. Juli 1925, RGBl. Nr. 277).*

Aufsuchen von Bestellungen auf Waren durch Gewerbeinhaber und Handlungsreisende.

(1) Die Gewerbeinhaber sind berechtigt, im Umherreisen außerhalb des Standortes selbst oder durch mit amtlichen Legitimationen versehene, in ihrem Dienste stehende Bevollmächtigte (Handlungsreisende) Bestellungen auf Waren bei Kaufleuten, Fabrikanten, Gewerbetreibenden, überhaupt bei solchen Personen, in deren Geschäftsbetriebe Waren der angebotenen Art Verwendung finden, aufzusuchen; sie dürfen hiebei, außer auf Märkten, keine Waren zum Verkaufe, sondern nur Muster mitführen.

(2) Das Aufsuchen von Bestellungen auf Waren bei Personen, bei denen die betreffenden Waren nicht in ihrem Geschäftsbetriebe Verwendung finden, ist den Gewerbeinhabern oder deren Bevollmächtigten hinsichtlich des Vertriebes von Kolonial-, Spezerei- und Materialwaren innerhalb wie außerhalb des Standortes unbedingt verboten; hinsichtlich anderer Waren ist das Aufsuchen von Bestellungen außerhalb des Standortes bei den erwähnten Personen nur in einzelnen Fällen über ausdrückliche, schriftliche, auf bestimmte Waren lautende, an den Gewerbeinhaber gerichtete Aufforderung gestattet.

(3) Der Handelsminister ist jedoch ermächtigt, in rücksichtswürdigen Fällen, nach Anhörung der im vierten Absatze des § 1 bezeichneten Körperschaften, für bestimmte Waren oder Bezirke oder für einzelne Gewerbe im Verordnungswege das Aufsuchen von Bestellungen auf Waren bei den im Absatze 2 erwähnten Personen auch ohne diese Aufforderung zuzulassen.

§ 59 b *(in der Fassung des Gesetzes vom 25. Februar 1902, RGBl. Nr. 49).*

(1) Über den Inhalt und die Ausfertigung der für Handlungsreisende bestimmten Legitimation werden die erforderlichen Bestimmungen nach Anhörung der Handels- und Gewerbekammern im Verordnungswege erlassen.

. . . .

§ 142 *(in der Fassung des Gesetzes vom 5. Februar 1907, RGBl. Nr. 26).*

II. Instanz.

(1) Die politischen Landesbehörden bilden die zweite Instanz.

(2) Sie sind unmittelbare Verleihungsbehörden:

für alle Preßgewerbe (§ 15, P. 1) mit Ausnahme der im § 21, Absatz 3, erwähnten Gewerbe;

für Unternehmungen von Leihbibliotheken und Lesekabinetten (§ 15, P. 2);

. . . .

Kaiserliches Patent vom 4. September 1852, RGBl. Nr. 252, wodurch ein neues Gesetz über den Hausierhandel erlassen wird.

§ 12. . . . .

Selbst von den inländischen Waren sind nachstehende vom Hausierhandel ausgeschlossen:

. . . .

o) literarische und artistische Werke, wie: Bücher, Lieder, Kalender, Bilder, Statuen, Büsten;

. . . .

Verordnung des Bundesministers für Handel und Gewerbe, Industrie und Bauten im Einvernehmen mit dem Bundesminister für Inneres und Unterricht vom 27. Februar 1923, RGBl. Nr. 113, über das Sammeln von Bestellungen auf Druckwerke.

Auf Grund des § 8 des Bundesgesetzes vom 7. April 1922, BGBl. Nr. 218, über die Presse, und des § 59 b der Gewerbeordnung in der Fassung des Gesetzes vom 25. Februar 1902, RGBl. Nr. 49, wird verordnet:

§ 1. Wer nach der Gewerbeordnung zum Handel mit Druckwerken berechtigt ist, darf auch selbst oder durch mit amtlichen Legitimationen versehene, in seinem Dienste stehende Bevollmächtigte Bestellungen auf Druckwerke aller Art einschließlich von Zeitungen innerhalb und außerhalb des Standortes aufsuchen. Dasselbe Recht steht den Verwaltungen inländischer Zeitungen hinsichtlich der von ihnen verwalteten Zeitungen zu.

§ 2. Für das Aufsuchen von Bestellungen auf Druckwerke einschließlich von Zeitungen gelten im allgemeinen die Bestimmungen der §§ 2 bis 12 der Ministerialverordnung vom 27. Dezember 1902, RGBl. Nr. 242, in der durch die Verordnung vom 22. September 1921, BGBl. Nr. 526, geänderten Fassung[1]) mit den nachstehenden Abänderungen:

a) Insoweit es sich um das Aufsuchen von Bestellungen durch Bevollmächtigte der Verwaltungen inländischer Zeitungen handelt, gelten für die Zeitungsverwaltung die Bestimmungen der Verordnung über den Gewerbeinhaber und den Gewerbebetrieb. Die Ausfertigung der Legitimationskarte ist im Sinne des § 4, Punkt b, der Verordnung zu verweigern, wenn die Verwaltung die Herausgabe der Zeitung nicht gemäß § 19 des Bundesgesetzes vom 7. April 1922, BGBl. Nr. 218, über die Presse, angezeigt oder wenn die Anzeige ihre Wirksamkeit verloren hat.

b) Für Zeitungsunternehmer, die selbst Bestellungen aufsuchen, gilt der § 12 der Verordnung mit der Maßgabe, daß an die Stelle des Gewerbescheines die Bestätigung der Bundesbehörde für den Sicherheitsdienst (§ 7 des Preßgesetzes) über die Erstattung der im Absatze 2 bezeichneten Anzeige tritt.

c) Für das Aufsuchen von Bestellungen auf Druckwerke einschließlich von Zeitungen sind die für Handlungsreisende vorgeschriebenen Legitimationskarten (Beilage I der oben angeführten Verordnung) mit den sich aus den vorstehenden Bestimmungen ergebenden textlichen Abänderungen zu verwenden. Diese Abänderungen können von der ausstellenden Behörde handschriftlich vorgenommen werden.

[1]) Diese Bestimmungen werden nicht abgedruckt, weil sie nicht zum Sonderrecht der Presse gehören.

Verordnung der Bundesminister für Inneres und Unterricht und für Handel und Gewerbe, Industrie und Bauten im Einvernehmen mit dem Bundesminister für Justiz vom 26. September 1922, BGBl. Nr. 716, über die Ablieferung von Freistücken nach dem Bundesgesetze über die Presse.

Auf Grund des § 21 des Bundesgesetzes vom 7. April 1922, BGBl. Nr. 218, wird verordnet:

§ 1. (1) Von jedem Druckwerk, das im Inlande erscheint oder gedruckt wird, hat der Verleger, wenn aber das Druckwerk im Ausland erscheint, der Drucker innerhalb acht Tagen nach Beginn der Verbreitung bis auf weiteres insgesamt abzuliefern:

von Zeitungen (§ 2 des Bundesgesetzes über die Presse) vier Freistücke an die Nationalbibliothek, drei Freistücke an die im § 2 dieser Verordnung bezeichnete Universitäts- oder Landesbibliothek, zwei Freistücke an die administrative Bibliothek des Bundesministeriums für Inneres und Unterricht und ein Freistück an das Bundeskanzleramt;

von den übrigen Druckwerken zwei Freistücke an die Nationalbibliothek, zwei Freistücke an die im § 2 bezeichnete Universitäts- oder Landesbibliothek und ein Freistück an die administrative Bibliothek des Bundesministeriums für Inneres und Unterricht.

(2) Druckwerke, die nur dem Verkehr, dem häuslichen oder geselligen Leben oder gewerblichen Zwecken dienen, weiter Stimmzettel und Angaben über den Wahlvorgang sind von der Ablieferung befreit.

§ 2. Als Universitäts- oder Landesbibliothek, an die die Freistücke nach § 1 abzuliefern sind, werden bestimmt:

a) die Universitätsbibliothek in Wien für Druckwerke, die in Wien, Niederösterreich oder im Burgenland erscheinen oder dort gedruckt werden und im Auslande erscheinen;

b) die Universitätsbibliothek in Graz für Druckwerke, die in Steiermark,

c) die Universitätsbibliothek in Innsbruck für Druckwerke, die in Tirol,

d) die Landes(Studien)bibliothek in Linz für Druckwerke, die in Oberösterreich,

e) die Landes(Studien)bibliothek in Salzburg für Druckwerke, die im Lande Salzburg,

f) die Landes(Studien)bibliothek in Klagenfurt für Druckwerke, die in Kärnten,

g) die Landesbibliothek in Bregenz für Druckwerke, die in Vorarlberg

erscheinen oder dort gedruckt werden und im Auslande erscheinen.

§ 3. Diese Verordnung tritt am 1. Oktober 1922 in Kraft.

Gesetz vom 11. Februar 1920, StGBl. Nr. 88, über die Rechtsverhältnisse der Journalisten (Journalistengesetz).

Die Nationalversammlung hat beschlossen:

Geltungsgebiet des Gesetzes.

§ 1. Die Vorschriften dieses Gesetzes gelten für alle mit der Verfassung des Textes oder mit der Zeichnung von Bildern betrauten Mitarbeiter einer Zeitungsunternehmung, die mit festen Bezügen angestellt sind und diese Tätigkeit nicht bloß als Nebenbeschäftigung ausüben (Redakteure, Schriftleiter).

Arbeitsvertrag.

§ 2. (1) Jedem Redakteur ist am Tage seines Dienstantrittes eine schriftliche Bescheinigung des zwischen ihm und der Zeitungsunternehmung abgeschlossenen Arbeitsvertrages einzuhändigen.

(2) Diese Bescheinigung hat insbesondere zu enthalten:

1. die möglichst genaue Bezeichnung des Arbeitsgebietes (Ressort), in dem sich der Redakteur zu betätigen hat;

2. die Höhe der festen Bezüge sowie des Honorars für besondere Leistungen und die Vereinbarungen über die Vergütung für Dienstauslagen;

3. den Verhältnissatz, in dem sich die festen Bezüge bei längerer Dauer des Arbeitsverhältnisses von mindestens fünf zu fünf Jahren bis zum sechzigsten Lebensjahre erhöhen;

4. die Dauer des jährlichen Urlaubes;

5. die Dauer der Kündigungsfrist.

§ 3. Die Dauer des dem Redakteur zu gewährenden jährlichen Urlaubes muß mindestens einen Monat, nach mehr als zehnjähriger Dauer des Arbeitsverhältnisses eineinhalb Monate betragen, innerhalb welcher Zeit die festen Bezüge fortlaufen.

§ 4. Die Kündigungsfrist muß mindestens drei Monate betragen und erhöht sich nach fünfjähriger ununterbrochener Dauer des Arbeitsverhältnisses mit jedem Jahre um einen Monat bis zum Höchstausmaß von einem Jahr.

§§ 5 bis 7 *(aufgehoben durch das Bundesgesetz vom 29. Dezember 1926, BGBl. Nr. 388, betreffend die Kranken-, Stellenlosen-, Unfall- und Pensionsversicherung der Angestellten).*

Veräußerung der Zeitungsunternehmung.

§ 8. (1) Wird eine Zeitungsunternehmung veräußert, so kann der Erwerber innerhalb eines Monates nach der Veräußerung dem Redakteur gegenüber erklären, daß er in dessen Vertrag mit dem Veräußerer nicht eintritt.

(2) Wird eine solche Erklärung innerhalb der Frist abgegeben, so kann der Redakteur außer dem für die Kündigungsfrist entfallenden Entgelt eine Entschädigung verlangen, die bei weniger als fünfjähriger Dauer des Vertragsverhältnisses ein volles Jahresentgelt, bei fünf- bis zehnjähriger Dauer das Einundeinhalbfache des Jahresentgeltes beträgt und sich mit je fünf weiteren Jahren der Vertragsdauer um ein halbes Jahresentgelt erhöht, wobei ein angefangenes Jahrfünft als voll gerechnet wird.

(3) Tritt der Erwerber in den Vertrag ein oder hat er innerhalb der Frist den Eintritt nicht ausdrücklich abgelehnt, so kann er den Vertrag innerhalb eines Jahres nach der Veräußerung nicht kündigen.

(4) Das Recht des Redakteurs, den Vertrag unter Einhaltung der gesetzlichen oder vereinbarten Kündigungsfrist zu kündigen, ferner das Recht beider Teile, die vorzeitige Auflösung des Vertrages aus wichtigen Gründen zu verlangen, sowie die in den §§ 5 bis 7 festgesetzten Rechte und Pflichten bleiben unberührt.

§ 9. Für die Zahlung der aus § 8, Absatz 2, sich ergebenden Ansprüche des Redakteurs haften der Erwerber und der Veräußerer zur ungeteilten Hand.

Auflassung der Zeitungsunternehmung.

§ 10. Wird die Zeitungsunternehmung aufgelassen, so kann dem Redakteur nur unter Einhaltung einer Kündigungsfrist von mindestens sechs Monaten gekündigt werden, wenn nicht gemäß § 4 oder zufolge Vertrages eine längere Kündigungsfrist einzuhalten ist.

Wechsel der politischen Richtung.

§ 11. (1) Wechselt eine Zeitungsunternehmung die von ihr bisher eingehaltene politische Richtung, so kann der Redakteur, dem die Fortsetzung seiner Tätigkeit ohne Änderung seiner Gesinnung nicht zugemutet werden kann, innerhalb eines Monates, nachdem er von dem Wechsel der politischen Richtung Kenntnis erlangt haben mußte, den Vertrag ohne Einhaltung einer Kündigungsfrist lösen.

(2) Dem Redakteur stehen in diesem Falle gegen die Zeitungsunternehmung die im § 8, Absatz 2, bezeichneten Ansprüche zu.

§ 12 (*Fünfte Gerichtsentlastungsnovelle vom Jahre 1925*). (1) Über die Frage, ob die Voraussetzungen für eine Auflösung im Sinne des § 11, Absatz 1, vorliegen, entscheidet ein fünfgliedriges Schiedsgericht, das aus je zwei von den beiden Streitteilen zu bestellenden Schiedsrichtern und einem von diesen vier Schiedsrichtern mit Stimmenmehrheit zu wählenden Obmann zusammengesetzt ist.

(2) Der Obmann muß Mitglied der Nationalversammlung sein. Kommt die Obmannwahl nicht zustande, so wird aus den Mitgliedern

der Nationalversammlung durch den Präsidenten ein Obmann bestellt.

(3) Im übrigen finden die Vorschriften des vierten Abschnittes des sechsten Teiles der Zivilprozeßordnung über das schiedsrichterliche Verfahren Anwendung. Findet das Schiedsgericht, daß die Behauptung des Redakteurs über den Wechsel der politischen Richtung wider besseres Wissen erhoben wurde, so kann es eine Mutwillensstrafe bis zum Betrage von zehntausend Schilling über ihn verhängen (§ 220 ZPO.).

(4) Das Gericht ist an die Entscheidung des Schiedsgerichtes gebunden.

Schluß- und Übergangsbestimmungen.

§ 13. Insoweit in diesem Gesetze nichts anderes bestimmt ist, bleiben die bestehenden Vorschriften über das Dienstverhältnis der Redakteure unberührt.

§ 14. Die Rechte, die den Redakteuren auf Grund dieses Gesetzes zustehen, können durch den Arbeitsvertrag weder aufgehoben noch beschränkt werden.

§ 15. Die Vorschriften dieses Gesetzes finden auch auf die am Tage des Wirksamkeitsbeginnes dieses Gesetzes bestehenden Arbeitsverhältnisse der Redakteure Anwendung.

§ 16. (1) Den Redakteuren, deren Arbeitsverhältnis am Tage des Wirksamkeitsbeginnes dieses Gesetzes bereits bestand, ist die Bescheinigung über den Inhalt des Arbeitsvertrages innerhalb eines Monates vom genannten Tage von der Zeitungsunternehmung einzuhändigen.

(2) Insoweit für das Arbeitsverhältnis der am Tage des Wirksamkeitsbeginnes dieses Gesetzes angestellten Redakteure eine kürzere Kündigungsfrist besteht, treten an deren Stelle die im § 4 festgesetzten Kündigungsfristen.

(3) Für die am Tage des Wirksamkeitsbeginnes dieses Gesetzes angestellten Redakteure ist von den Zeitungsunternehmungen der im § 5 vorgesehene Altersversorgungsbeitrag nachzuzahlen, und zwar zugunsten der schon vor dem 1. Jänner 1915 angestellten für die Zeit vom 1. Jänner 1915 an; zugunsten derjenigen, die seither angestellt wurden, für die Zeit vom Tage des Eintrittes an. Die Nachzahlung ist auch für die Redakteure zu leisten, die schon vor dem Geltungsbeginn dieses Gesetzes das sechzigste Lebensjahr vollendet hatten.

(4) Die Vorschriften der §§ 11, 12 finden auch Anwendung, wenn der Wechsel in der politischen Richtung in der Zeit zwischen dem 31. Oktober 1919 und dem Wirksamkeitsbeginn dieses Gesetzes

eingetreten ist und das Arbeitsverhältnis am Tage des Wirksamkeitsbeginnes des Gesetzes noch besteht. In diesem Falle endet die im § 11, Absatz 1, vorgesehene Frist nicht vor Ablauf eines Monates nach dem Wirksamkeitsbeginn dieses Gesetzes.

§ 17. (1) Dieses Gesetz tritt mit dem Tage seiner Kundmachung in Wirksamkeit.

(2) Mit dessen Durchführung sind die Staatssekretäre für Justiz, für soziale Verwaltung und für Inneres und Unterricht betraut.

Sachregister.

(Die Ziffern bezeichnen die Seiten.)

W.

Z.

Kolibri 360 GmbH
Ferdinand-Jühlke-Straße 7
99095 Erfurt, Deutschland
produktsicherheit@kolibri360.de